# PROCESSOS GRUPAIS

## PRINCIPAIS TEORIAS E PRÁTICAS DA PSICOLOGIA DE GRUPOS

CAMAI LIMA DOS SANTOS

# PROCESSOS GRUPAIS

## PRINCIPAIS TEORIAS E PRÁTICAS DA PSICOLOGIA DE GRUPOS

Freitas Bastos Editora

Copyright © 2025 by Camai Lima dos Santos

Todos os direitos reservados e protegidos pela Lei 9.610, de 19.2.1998. É proibida a reprodução total ou parcial, por quaisquer meios, bem como a produção de apostilas, sem autorização prévia, por escrito, da Editora. Direitos exclusivos da edição e distribuição em língua portuguesa:

**Maria Augusta Delgado Livraria, Distribuidora e Editora**

**Direção Editorial:** Isaac D. Abulafia
**Gerência Editorial:** Marisol Soto
**Assistente Editorial:** Larissa Guimarães
**Copidesque:** Lara Alves dos Santos Ferreira de Souza
**Revisão:** Doralice Daiana da Silva
**Diagramação e Capa:** Madalena Araújo

**Dados Internacionais de Catalogação na Publicação (CIP) de acordo com ISBD**

| | |
|---|---|
| S237p | Santos, Camai Lima dos |
| | Processos Grupais: principais teorias e práticas da psicologia de grupos / Camai Lima dos Santos. – Rio de Janeiro, RJ : Freitas Bastos, 2025. |
| | 200 p. : 15,5cm x 23cm. |
| | ISBN: 978-65-5675-511-3 |
| | 1. Psicologia. I. Título. |
| 2025-980 | CDD 150 |
| | CDU 159.9 |

**Elaborado por Vagner Rodolfo da Silva - CRB-8/9410**

**Índice para catálogo sistemático:**
1. Psicologia 150
2. Psicologia 159.9

**Freitas Bastos Editora**

atendimento@freitasbastos.com
www.freitasbastos.com

# CAMAI LIMA DOS SANTOS

Psicólogo e Professor Universitário

Profissional dedicado ao campo da Psicologia, com uma sólida formação acadêmica e uma rica experiência em diversas áreas da prática psicológica. Graduado em Psicologia pela Faculdade do Sul – Unime (2020), possui especializações nas seguintes áreas da Psicologia: Avaliação Psicológica e Psicodiagnóstico, pela Unyleya (2021), Terapia Cognitivo-Comportamental e Psicologia Organizacional e do Trabalho, pela Uniamérica (2022). Mestrando em Psicologia pela MUST University.

# SUMÁRIO

## CAPÍTULO 1
### INTRODUÇÃO À PSICOLOGIA DE GRUPOS .................. 11
- 1.1 DEFINIÇÃO E ESCOPO DA PSICOLOGIA DE GRUPOS.... 11
- 1.2 PRINCIPAIS TEORIAS E ABORDAGENS........................... 15
  - 1.2.1 Teoria da Dinâmica de Grupo de Kurt Lewin ......15
    - 1.2.1.1 Aplicações da Teoria de Lewin ..................17
  - 1.2.2 Psicanálise: Contribuições de Freud e Bion ........19
    - 1.2.2.1 Aplicações Práticas das Teorias de Freud e Bion..................................................21
  - 1.2.3 Teoria dos Vínculos de Pichon-Rivière.................22
    - 1.2.3.1 Aplicações Práticas da Teoria dos Vínculos......27
  - 1.2.4 Contribuições de Gustave Le Bon e William McDougall..................................................28
    - 1.2.4.1 Aplicações Práticas das Contribuições de Gustave Le Bon e William McDougall...........32
  - 1.2.5 Psicodrama de Jacob Levy Moreno ....................34
    - 1.2.5.1 Aplicações Práticas do Psicodrama .....................39
- 1.3 IMPORTÂNCIA DA COMPREENSÃO DOS PROCESSOS GRUPAIS......................................................... 40
- REFERÊNCIAS.......................................................................... 42

## CAPÍTULO 2
### DINÂMICA E ESTRUTURA DE GRUPOS ........................ 45
- 2.1 TEORIAS SOBRE A FORMAÇÃO E EVOLUÇÃO DE GRUPOS (MODELO DE FASES DE GRUPO DE BRUCE TUCKMAN)....................................................... 45

- 2.1.1 Aplicações Práticas da Teoria de Tuckman ..........47
- 2.2 PAPÉIS E NORMAS DENTRO DOS GRUPOS – KURT LEWIN ................................................................. 49
  - 2.2.1 Aplicações Práticas .........................................................52
- 2.3 COMUNICAÇÃO E TOMADA DE DECISÃO ........................ 53
  - 2.3.1 Teoria da Comunicação em Grupos de Alex Bavelas ..............................................................53
    - 2.3.1.1 Aplicações Práticas da Teoria da Comunicação em Grupos de Alex Bavelas ........55
  - 2.3.2 Teoria da Comunicação – Contribuições de Kurt Lewin ..................................................................57
    - 2.3.2.1 Modelo de Três Fases para a Mudança Organizacional.................................................60
- 2.4 MODELO DE SISTEMAS DE GRUPO DE YVONNE AGAZARIAN ....................................................... 61
- REFERÊNCIAS.................................................................... 66

# CAPÍTULO 3
## COMPORTAMENTO INTERGRUPAL E IDENTIDADE COLETIVA ..................................................... 67

- 3.1 DESENVOLVIMENTO DE IDENTIDADE GRUPAL – TEORIA DA IDENTIDADE SOCIAL DE HENRI TAJFEL E JOHN TURNER ................................................................ 67
  - 3.1.1 Aplicações Práticas da Teoria da Identidade Social ...............................................................70
- 3.2 ANÁLISE TRANSACIONAL DE ERIC BERNE ..................... 72
  - 3.2.1 Aplicações Práticas da Análise Transacional ......76
- 3.3 TEORIA DOS CONFLITOS DE GRUPO DE MORTON DEUTSCH ............................................................. 77
  - 3.3.1 Aplicações Práticas da Teoria dos Conflitos de Grupo de Morton Deutsch .....................82
- REFERÊNCIAS.................................................................... 84

## CAPÍTULO 4
### LIDERANÇA E PODER EM CONTEXTO GRUPAL ............ 87
- 4.1 TEORIA DAS LIDERANÇAS DE KURT LEWIN .................... 87
  - 4.1.1 Aplicação da Teoria das Lideranças de Kurt Lewin ........................................................................ 90
- 4.2 TEORIA DA LIDERANÇA SITUACIONAL DE HERSEY E BLANCHARD ........................................... 92
  - 4.2.1 Aplicação da Teoria da Liderança Situacional ..... 96
- 4.3 CONTRIBUIÇÕES DE MAX WEBER ..................................... 98
- 4.4 CONTRIBUIÇÕES DE RICHARD HACKMAN (TEORIA SOBRE A EFICÁCIA DOS GRUPOS DE TRABALHO) ................................................................... 103
  - 4.4.1 Aplicação da Teoria sobre a Eficácia dos Grupos de Trabalho ..................................................... 107
- REFERÊNCIAS ................................................................................ 110

## CAPÍTULO 5
### TEORIAS DE INTERVENÇÕES GRUPAIS ....................... 113
- 5.1 GRUPOTERAPIAS ............................................................... 113
  - 5.1.1 Aplicações Práticas da Grupoterapias .................. 120
- 5.2 GRUPOS DE ENCONTRO DE CARL R. ROGERS .............. 126
  - 5.2.1 Aplicações dos Grupos de Encontro de Carl R. Rogers ............................................................ 130
- 5.3 TERAPIA DE GRUPO-ANALÍTICA ..................................... 133
- 5.4 TERAPIA COGNITIVO-COMPORTAMENTAL DE GRUPOS (TCC-G) .............................................................. 138
  - 5.4.1 Aplicação Prática da TCC-G .................................... 142
- REFERÊNCIAS ................................................................................ 147

# CAPÍTULO 6
## PROPOSTAS PRÁTICAS DE INTERVENÇÕES GRUPAIS ................ 149

- 6.1 TCC ................................................................. 149
- 6.2 TREINAMENTO DE HABILIDADES SOCIAIS ..................... 152
- 6.3 GRUPO DE APOIO PARA GESTÃO DE ESTRESSE ............ 156
- 6.4 PRÁTICAS DE ATENÇÃO PLENA E MEDITAÇÃO PARA MELHORAR A SAÚDE MENTAL E EMOCIONAL ............... 159
- 6.5 GRUPOS DE PSICOEDUCAÇÃO ........................................ 163
- 6.6 DINÂMICAS DE CONSTRUÇÃO DE EQUIPE ..................... 166
- 6.7 TERAPIA DE GRUPO FOCADA EM TRAUMA ..................... 170
- 6.8 TREINAMENTO DE LIDERANÇA EM GRUPO ................... 173
- 6.9 GRUPO DE REABILITAÇÃO PARA DEPENDÊNCIAS ........ 176
- 6.10 TERAPIA DE GRUPO PARA FAMILIARES .......................... 179
- 6.11 GRUPOS DE TERAPIA DE ACEITAÇÃO E COMPROMISSO (ACT) ........................................................ 183
- 6.12 GRUPO DE ENFRENTAMENTO DE DOENÇAS CRÔNICAS ..................................................... 187
- 6.13 SESSÕES DE RESOLUÇÃO DE CONFLITOS EM GRUPO . 191
- 6.14 INTERVENÇÃO PSICOLÓGICA PARA ADOLESCENTES: PROGRAMA "DESCOBRINDO E CONECTANDO" ............ 195

# CAPÍTULO 1

## INTRODUÇÃO À PSICOLOGIA DE GRUPOS

### 1.1 Definição e Escopo da Psicologia de Grupos

Na jornada de compreender a complexidade da mente humana, um dos aspectos mais fascinantes e desafiadores é o estudo dos grupos. A Psicologia de Grupos é um campo vibrante e multifacetado que busca entender como as interações sociais moldam o comportamento, as emoções e as percepções individuais (Cartwright; Zander, 1967). Neste capítulo introdutório, exploraremos os fundamentos da Psicologia de Grupos, desde suas origens históricas até suas aplicações contemporâneas.

A investigação sistemática sobre os fenômenos grupais remonta ao final do século XIX, com os estudos pioneiros de pesquisadores como Gustave Le Bon e William McDougall. Le Bon, em sua obra seminal **Psicologia das Multidões**, analisou o comportamento coletivo e os processos de influência social. McDougall, por sua vez, propôs uma abordagem mais individualista, enfatizando a importância dos instintos inatos na formação dos grupos (Rodrigues; Prá; Carvalho *et al.*, 2022). Esses primeiros estudos abriram caminho para um campo de pesquisa que se expandiria significativamente nas décadas seguintes.

A Psicologia de Grupos abrange uma variedade de teorias e abordagens que buscam explicar a dinâmica e o funcionamento dos grupos. Teóricos como Freud, Bion, Kurt Lewin, Pichon-Rivière e Jacob Moreno contribuíram com suas perspectivas únicas. Desde a teoria da identidade social de Henri Tajfel até a da interdependência social de Morton Deutsch, os pesquisadores têm proposto diferentes modelos para compreender como os grupos se formam, se mantêm e evoluem ao longo do tempo (Zimerman; Osorio, 1997). A teoria da identidade social, por exemplo, explora como a pertença a um grupo pode influenciar a autoestima e o comportamento dos indivíduos, enquanto a teoria da interdependência social examina como as relações de interdependência entre membros do grupo afetam suas interações e resultados.

A Psicologia de Grupos é um campo dinâmico e multifacetado que visa compreender o comportamento humano em contextos grupais. Busca investigar como os indivíduos se comportam, pensam e sentem quando estão inseridos em um grupo, além de analisar as dinâmicas que surgem nesse contexto (Osorio, 2000). Logo, a Psicologia de Grupos pode ser definida como o estudo científico dos processos pelos quais as pessoas pensam, sentem e se comportam em grupos. Essa definição destaca a importância da análise científica dos fenômenos grupais e ressalta a interação entre os processos individuais e coletivos (Cartwright; Zander, 1967).

Segundo Osorio (2000), os grupos representam entidades sociais fundamentais que exercem influência sobre o comportamento e a identidade de seus membros. A Psicologia de Grupos busca compreender as dinâmicas de interação, comunicação e influência que ocorrem em contextos grupais, investigando tanto os aspectos positivos quanto os desafios enfrentados pelos indivíduos dentro desses grupos. Um dos aspectos mais intrigantes é como as normas e os valores grupais podem moldar as atitudes e os comportamentos dos membros, muitas vezes de maneiras que os indivíduos não esperavam antes de ingressar no grupo.

Uma das principais áreas de interesse na Psicologia de Grupos são os processos fundamentais que ocorrem dentro dos grupos. Estes incluem a coesão grupal, a conformidade, a liderança, a tomada de decisão, o conflito e a cooperação (Minicucci, 2001). Cada um desses processos é essencial na determinação do funcionamento e do desempenho dos grupos. Por exemplo, a coesão grupal, que se refere ao grau de atração e ao vínculo entre os membros de um grupo, é essencial para o funcionamento eficaz do grupo. Grupos altamente coesos tendem a ser mais cooperativos e a alcançar melhores resultados, enquanto os com baixa coesão podem enfrentar maiores desafios de comunicação e coordenação.

Além de contribuir para o avanço do conhecimento teórico, a Psicologia de Grupos possui diversas aplicações práticas em diferentes contextos. No campo organizacional, por exemplo, ela é frequentemente utilizada para melhorar o trabalho em equipe, aumentar a eficácia da liderança e otimizar os processos de tomada de decisão (Rodrigues; Prá; Carvalho *et al.*, 2022). Já na psicoterapia de grupo, ela oferece um espaço seguro para a exploração de questões pessoais e o desenvolvimento de habilidades interpessoais (Zimerman, 2011). A compreensão das dinâmicas grupais pode ajudar os terapeutas a facilitarem a comunicação e a resolverem conflitos dentro do grupo terapêutico, promovendo um ambiente de apoio e crescimento mútuo.

O escopo da Psicologia de Grupos abrange uma ampla gama de tópicos e áreas de estudo. Desde a dinâmica de formação de grupos até os processos de liderança e tomada de decisão, a disciplina oferece *insights* valiosos sobre o funcionamento e o impacto dos grupos na sociedade (Minicucci, 2001). A Psicologia de Grupos investiga os fatores que influenciam a coesão do grupo, a comunicação eficaz, a resolução de conflitos e a formação de normas sociais. Segundo Cartwright e Zander (1967), compreender a dinâmica de grupo é fundamental para promover sua eficácia e seu bem-estar em diversos contextos, que vão desde o ambiente de trabalho até as comunidades.

Os processos de liderança dentro dos grupos são particularmente relevantes, pois os líderes desempenham um papel crucial na orientação e na motivação dos membros do grupo. A teoria dos estilos de liderança, por exemplo, distingue entre líderes autocráticos, democráticos e *laissez-faire*, cada um dos quais tem diferentes impactos no comportamento e na coesão do grupo. Além disso, a liderança transformacional, que envolve inspirar e motivar os participantes do grupo a alcançarem metas comuns, tem sido associada a resultados positivos em uma variedade de contextos grupais. Outro aspecto central da Psicologia de Grupos é a tomada de decisão grupal. Esse processo pode ser influenciado por fatores como a polarização grupal, na qual as opiniões dos membros tendem a se tornar mais extremas após discussões grupais, e o pensamento grupal, um fenômeno em que o desejo de coesão e consenso leva à tomada de decisões irracionais ou disfuncionais. A investigação desses fenômenos ajuda a desenvolver estratégias para melhorar a qualidade das decisões grupais e minimizar os riscos associados a decisões precipitadas ou mal-informadas (Rodrigues; Prá; Carvalho *et al.*, 2022).

A Psicologia de Grupos também explora o papel do conflito e da cooperação dentro dos grupos. O conflito pode surgir de diferenças de opinião, interesses ou valores entre os membros do grupo, mas também pode ser uma força positiva que leva à inovação e à melhoria dos processos grupais quando gerido de forma construtiva. A cooperação, no entanto, envolve os esforços coordenados dos membros do grupo para alcançar objetivos comuns e é essencial para o sucesso de qualquer grupo (Cartwright; Zander, 1967).

Em suma, a Psicologia de Grupos é um campo dinâmico e em constante evolução que oferece conhecimentos fascinantes sobre a natureza humana e as interações sociais. Ao longo deste livro, exploraremos em detalhes os principais conceitos, teorias e aplicações da Psicologia de Grupos, na esperança de enriquecer nossa compreensão do papel dos grupos em nossas vidas. Por meio dessa exploração, buscamos não apenas expandir nosso conhecimento acadêmico, mas também encontrar maneiras práticas de aplicar esses *insights* para melhorar a eficácia e o bem-estar dos grupos em diversos contextos sociais e profissionais.

## 1.2 Principais Teorias e Abordagens

### 1.2.1 Teoria da Dinâmica de Grupo de Kurt Lewin

Kurt Lewin, renomado psicólogo alemão, é reconhecido por suas significativas contribuições para a compreensão do comportamento humano em grupo. Sua Teoria da Dinâmica de Grupo, desenvolvida na década de 1940, continua a ser uma base fundamental para o estudo das interações sociais e dinâmicas grupais (Cartwright; Zander, 1967). Lewin percebeu que os grupos não são apenas agregados de indivíduos, mas entidades dinâmicas que influenciam e são influenciadas pelos comportamentos de seus membros. Sua teoria enfatiza a importância das interações sociais e da estruturação dos grupos para entender o comportamento coletivo (Minicucci, 2001).

Um dos pilares fundamentais da teoria de Lewin é o conceito de campo social, que engloba o ambiente psicológico em que se desenrolam as interações grupais. Segundo Minicucci (2001), Lewin introduziu o conceito de "espaço de vida" (ou "espaço social"), que representa o conjunto de percepções, experiências e possibilidades de ação compartilhadas pelos membros do grupo. Essa noção é essencial para compreender como as interações grupais moldam os comportamentos individuais e coletivos. Lewin também desenvolveu o conceito de "campo social", que se refere ao ambiente psicológico em que ocorrem as interações entre os membros do grupo. Ele afirmava que o comportamento das pessoas é influenciado tanto por fatores internos (como personalidade e motivação) quanto por fatores externos (como normas sociais e pressões do grupo). Logo, a dinâmica de grupo é influenciada por forças internas e externas, e mudanças no comportamento individual podem afetar todo o grupo. Sua abordagem destaca a importância da compreensão dos processos de mudança e desenvolvimento dentro dos grupos, e como esses processos são influenciados por fatores psicológicos e sociais (Minicucci, 2001).

De acordo com Lewin (1951), as ações e os comportamentos dos indivíduos dentro de um grupo são moldados pelas forças presentes nesse campo social, que abrange desde as normas culturais e sociais até as expectativas individuais dos membros do grupo, além das características do ambiente físico onde ocorrem essas interações. Assim, um grupo consiste em um conjunto de indivíduos que compartilham objetivos comuns e estão interligados por relações sociais. Ele acreditava que as características do grupo influenciam o comportamento dos seus membros, bem como as atitudes, as crenças e os valores individuais podem afetar a dinâmica do grupo.

A liderança no contexto dos grupos é outro aspecto crucial na teoria de Lewin. Ele descreveu diferentes estilos de liderança, como autocrática, democrática e *laissez-faire*, e como cada um deles afeta a coesão e a eficácia do grupo. O líder autocrático toma todas as decisões sozinho, sem consultar os outros membros. O líder democrático envolve os membros nas decisões e valoriza suas opiniões. Já o líder *laissez-faire* adota uma postura passiva, deixando que os membros tomem suas próprias decisões sem interferência. Segundo as pesquisas de

Lewin, lideranças democráticas tendem a promover maior participação dos membros, enquanto as autocráticas podem gerar ressentimento e resistência (Rodrigues; Prá; Carvalho, 2022).

Na dinâmica dos grupos, Lewin destacou alguns pontos importantes, sendo a composição, a estrutura, os objetivos, o enquadre, a relação entre tarefa e emoções, os papéis e a comunicação em grupos. Na composição, discute-se a homogeneidade e a heterogeneidade dos participantes, destacando que grupos menores podem ter menos conflitos, porém, podem ser limitados em criatividade. Quanto à estrutura, são mencionados arranjos formais e informais, com o tamanho do grupo afetando seu funcionamento, podendo ser fechado ou aberto para novos membros. Os objetivos do grupo são delineados como sua justificativa de existência, enquanto o enquadre inclui aspectos como horário, local e frequência das reuniões. A relação entre tarefa e emoções é destacada como dimensões simultâneas no funcionamento grupal, sendo a tarefa o objetivo a ser alcançado e as emoções intrínsecas ao grupo, influenciando na realização da tarefa. Os papéis dentro do grupo são abordados, ressaltando que nem sempre são assumidos como esperado, e a saúde do grupo está relacionada à capacidade de intercambiar e assumir esses papéis com responsabilidade. Por fim, a comunicação é mencionada como essencial para o grupo, podendo ser autêntica ou não, e, quando não flui com espontaneidade e confiança, podem surgir redes paralelas enfraquecendo o grupo (Rodrigues; Prá; Carvalho, 2022).

### 1.2.1.1 Aplicações da Teoria de Lewin

A Teoria da Dinâmica de Grupo de Kurt Lewin tem vasta aplicabilidade em diversos contextos, desde ambientes corporativos até instituições educacionais. Em ambientes corporativos, por exemplo, entender as dinâmicas de grupo pode ser crucial para melhorar a produtividade e a satisfação dos funcionários. Grupos coesos e bem liderados tendem a ser mais eficazes e inovadores. A liderança democrática, como sugerido por Lewin, pode fomentar um ambiente de trabalho mais colaborativo e satisfatório, levando a melhores resultados organizacionais.

Nas instituições educacionais, a Teoria de Lewin pode ser aplicada para entender as interações entre estudantes e entre estudantes e professores. Grupos de estudo, projetos colaborativos e dinâmica dentro da sala de aula podem ser melhorados por meio da aplicação dos conceitos de campo social e liderança. Um ambiente de aprendizagem democrático, no qual os estudantes sentem que suas vozes são ouvidas, pode aumentar o engajamento e a motivação.

Além disso, a teoria de Lewin é relevante para o trabalho em comunidades e no desenvolvimento de programas sociais. Compreender as forças que atuam dentro de um grupo comunitário pode ajudar a identificar e superar resistências a mudanças, promover a coesão social e facilitar a implementação de iniciativas comunitárias.

Em suma, a Teoria da Dinâmica de Grupo de Kurt Lewin oferece uma estrutura abrangente para entender e intervir nos grupos humanos. Suas ideias continuam a ser relevantes para uma variedade de contextos, desde organizações até comunidades e instituições educacionais. Ao considerar a influência do contexto social, cultural e organizacional sobre o comportamento grupal, a Teoria de Lewin permite uma compreensão mais profunda das complexas interações que ocorrem dentro dos grupos. Com isso, é possível desenvolver estratégias mais eficazes para promover a coesão, melhorar a comunicação e alcançar os objetivos coletivos. A durabilidade e a aplicabilidade das ideias de Lewin demonstram a importância de sua contribuição para a psicologia social e para o entendimento das dinâmicas humanas.

## 1.2.2 Psicanálise: Contribuições de Freud e Bion

A Psicologia de Grupos, como campo de estudo, tem sido enriquecida pelas contribuições de importantes teóricos, entre os quais se destacam Sigmund Freud e Wilfred Bion. Embora ambos tenham se concentrado principalmente na Psicanálise, suas ideias e conceitos também lançaram luz sobre as dinâmicas grupais e as interações interpessoais dentro dos grupos.

Sigmund Freud, o pai da Psicanálise, introduziu conceitos fundamentais que ainda são amplamente estudados e debatidos. Suas investigações sobre o inconsciente, os impulsos sexuais e as estruturas da personalidade, como o id, o ego e o superego, revolucionaram a compreensão da mente humana. Em sua obra seminal **A Interpretação dos Sonhos**, Freud revelou como os sonhos são expressões simbólicas dos desejos reprimidos, fornecendo *insights* valiosos sobre o funcionamento do inconsciente (Freud, 1900). Já em **Psicologia das Massas e Análise do Eu**, o autor explora como os processos psíquicos individuais se manifestam em contextos coletivos, como em grupos e multidões. Ele argumenta que, quando as pessoas estão reunidas em um grupo, ocorre uma espécie de regressão psicológica, na qual os impulsos primitivos do inconsciente coletivo são liberados, influenciando o comportamento e as emoções dos membros do grupo (Freud, 2011).

Freud também introduziu o conceito de identificação com o líder, destacando a tendência dos indivíduos a se identificarem com uma figura de autoridade dentro do grupo. Ele observou que essa identificação pode ser motivada por desejos inconscientes de segurança e proteção, bem como pela necessidade de pertencimento e aceitação social. Essas dinâmicas de identificação e liderança desempenham um papel crucial na coesão e na estrutura dos grupos (Freud, 1996). Além disso, Freud explorou os fenômenos de projeção e transferência dentro dos grupos, revelando como os indivíduos podem projetar seus próprios conflitos e ansiedades no grupo, influenciando assim a dinâmica geral. Suas investigações sobre o papel do líder, as relações de poder e as defesas psicológicas coletivas forneceram uma base sólida para o estudo das dinâmicas grupais na Psicologia (Freud, 1996).

Wilfred Bion, por sua vez, expandiu os horizontes da Psicanálise ao introduzir conceitos como os processos de pensamento e a teoria do grupo. Em suas obras **Experiências em Grupos** e **Aprender da Experiência**, Bion explorou os fenômenos grupais e como os indivíduos projetam seus conteúdos internos nos grupos, influenciando a dinâmica e o funcionamento deles. Ele destacou a importância da compreensão dos processos inconscientes que ocorrem nos grupos, como a formação de fantasias compartilhadas e os mecanismos de defesa coletivos (Bion, 1975). Bion propõe que os grupos são governados por processos emocionais inconscientes, como ansiedade, ciúme e agressão, que podem interferir na eficácia do grupo e na realização de seus objetivos. Sua abordagem enfatiza a importância da capacidade de tolerar a ansiedade e a ambivalência, tanto para o analista quanto para o paciente, na busca pelo *insight* e pela transformação psíquica (Bion, 2021).

Rodrigues, Prá, Carvalho *et al*. (2022) destacaram os supostos básicos por meio de Osorio (2013), sendo Dependência, em que o grupo depende de um líder para assumir todas as iniciativas e cuidar dos membros, semelhante ao papel dos pais em relação aos filhos pequenos; Luta-Fuga, em que o grupo age como se houvesse um inimigo a ser enfrentado ou evitado entre os participantes, incluindo o líder ou qualquer outro membro do grupo. E, por fim, Expectativa Messiânica, em que o grupo espera que os problemas ou as necessidades sejam resolvidos por alguém que ainda não está nele, mas que, quando chegar, será capaz de solucioná-los. Esses conceitos fornecem uma compreensão mais profunda das interações grupais e destacam a importância de abordar essas dinâmicas para promover uma colaboração eficaz e um ambiente saudável dentro do grupo.

Freud, ao abordar a dinâmica grupal, nos oferece percepções sobre como a mente individual é influenciada e moldada pelo contexto social e pelo grupo. Sua noção de identificação e as relações de poder dentro dos grupos fornecem uma base para entender como os indivíduos buscam segurança e pertencimento em contextos coletivos. A teoria do líder e as dinâmicas de transferência e projeção são fundamentais para a análise dos fenômenos grupais, oferecendo ferramentas para compreender como os conflitos e as ansiedades individuais podem se manifestar e ser resolvidos no contexto do grupo (Freud, 2011).

Bion, no entanto, ao focar nos processos emocionais inconscientes dentro dos grupos, nos proporciona uma compreensão detalhada de como as emoções e as defesas coletivas podem influenciar a eficácia e a coesão grupal. Sua ênfase na capacidade de tolerar a ansiedade e a ambivalência é particularmente relevante para o trabalho em grupos terapêuticos e organizacionais, nos quais a compreensão e o manejo das emoções inconscientes podem facilitar a colaboração e o crescimento pessoal e grupal (Bion, 1975).

### 1.2.2.1 Aplicações Práticas das Teorias de Freud e Bion

Na prática, as teorias de Freud e Bion têm sido aplicadas em diversas áreas, incluindo a terapia de grupo, a psicoterapia organizacional e a análise institucional. Em terapias de grupo, a compreensão das dinâmicas de identificação e liderança, bem como dos processos inconscientes descritos por Bion, pode ajudar os terapeutas a facilitarem a coesão do grupo e a promoverem um ambiente de apoio e crescimento. Na psicoterapia organizacional, as ideias de Bion sobre os supostos básicos podem ser utilizadas para entender e resolver conflitos organizacionais, melhorar a comunicação e promover a eficácia do grupo.

Além disso, as teorias de Freud e Bion têm relevância na educação e no desenvolvimento de equipes, nos quais a compreensão das dinâmicas grupais pode melhorar a coesão e a colaboração. Educadores e líderes de equipe podem utilizar esses conceitos para criar ambientes de aprendizado e trabalho mais eficazes, em que as emoções e os processos inconscientes são reconhecidos e gerenciados de maneira construtiva.

A Psicologia de Grupos se beneficia enormemente das contribuições de Sigmund Freud e Wilfred Bion. Seus trabalhos aprofundam nossa compreensão da mente humana e das dinâmicas grupais e fornecem ferramentas práticas para abordar e resolver problemas dentro dos grupos. Ao integrar as teorias de Freud sobre a mente individual com as perspectivas de Bion sobre os processos grupais, os profissionais da psicologia podem oferecer intervenções mais eficazes e compreensivas em diversos contextos. A contínua relevância de suas ideias atesta a profundidade e a importância de suas contribuições para a Psicanálise e para a Psicologia de Grupos.

### 1.2.3 Teoria dos Vínculos de Pichon-Rivière

A Teoria dos Vínculos, desenvolvida por Enrique Pichon-Rivière, psicanalista argentino, é uma abordagem fundamental para compreender as relações interpessoais e a dinâmica dos grupos. Pichon-Rivière, influenciado pela Psicanálise e pela Psicologia

Social, propôs uma teoria que destaca a importância dos vínculos afetivos na constituição da identidade individual e no funcionamento dos grupos (Rodrigues; Prá; Carvalho et al., 2022).

Em sua obra **O Processo Grupal**, Pichon-Rivière introduz o conceito de vínculo como uma relação emocional entre dois ou mais sujeitos, baseada na reciprocidade e na troca de afetos. Ele argumenta que os vínculos são essenciais para o desenvolvimento psicológico e social dos indivíduos, pois proporcionam um sentido de pertencimento e segurança emocional (Pichon-Rivière, 2000).

Uma das principais contribuições de Pichon-Rivière foi a ênfase dada aos vínculos como elementos essenciais para a compreensão do comportamento humano. Ele definiu vínculo como "uma estrutura básica que se estabelece entre duas ou mais pessoas e que implica uma inter-relação de papéis". Essa definição destaca a importância das relações interpessoais na formação da identidade e no desenvolvimento psicológico dos indivíduos (Bleger, 1993).

Pichon-Rivière introduziu o conceito de "grupo operativo", que se refere a um grupo cujo objetivo principal é realizar uma tarefa específica, ao invés de apenas discutir questões pessoais. Ele acreditava que o trabalho em grupo oferecia uma oportunidade única para explorar os vínculos e as dinâmicas grupais, facilitando assim o crescimento pessoal e a resolução de problemas (Bleger, 1993).

Pichon-Rivière também destaca a influência dos vínculos na formação dos papéis sociais e na estruturação dos grupos. Ele propõe que os vínculos são mediados por fantasias inconscientes e representações internalizadas, que moldam as interações interpessoais e os padrões de comportamento dentro dos grupos. Além disso, Pichon-Rivière desenvolveu o conceito de "matriz grupal", que se refere ao conjunto de representações internas compartilhadas pelos membros do grupo e que influenciam suas percepções e ações. Ele argumenta que a matriz grupal é construída a partir das experiências passadas dos membros do grupo e das fantasias inconscientes que permeiam suas interações (Pichon-Rivière, 2000).

Dentre os principais conceitos associados à teoria de Pichon-Rivière estão: os Papéis que são os comportamentos e as funções desempenhados pelos membros do grupo, influenciados pela dinâmica do grupo e pelas interações sociais, podendo ser assumidos consciente ou inconscientemente; as Fantasias Inconscientes, que são ideias, imagens ou pensamentos que residem no inconsciente e influenciam o comportamento e as interações sociais, relacionadas a medos, desejos, expectativas ou projeções dos participantes do grupo; a Situação Psicológica, que se refere ao contexto emocional e psicológico em que ocorrem as interações sociais, incluindo sentimentos, expectativas, tensões e conflitos presentes no grupo; as Tarefas Operativas, que são as atividades práticas e objetivas que um grupo precisa realizar para alcançar seus objetivos, tanto externas (relacionadas a metas tangíveis) quanto internas (relacionadas ao funcionamento do grupo); e as Tarefas de Grupo, que são as metas e os objetivos que o grupo busca alcançar por meio de sua interação e colaboração, podendo ser específicas (relacionadas a uma atividade específica) ou gerais (relacionadas ao propósito geral do grupo) (Pichon-Rivière, 1991).

A "Teoria do Cone Invertido" é uma das contribuições mais significativas de Enrique Pichon-Rivière para a Psicologia Social. Essa teoria, também conhecida como "Teoria do Campo Grupal", oferece uma perspectiva única sobre as interações grupais e a formação da identidade individual. O conceito do cone invertido representa a estrutura das relações grupais, com a base do cone representando o inconsciente coletivo do grupo, e o ápice representando a consciência individual de cada membro. De acordo com Pichon-Rivière, o inconsciente coletivo é formado por fantasias, mitos, ideologias e emoções compartilhadas pelos membros do grupo. Esses elementos inconscientes influenciam as interações grupais e moldam a dinâmica do grupo como um todo (Pichon-Rivière, 1991).

O Cone Invertido representa a estrutura da mente humana, o indivíduo está no centro do cone, com sua consciência cercada por camadas mais profundas que refletem os aspectos inconscientes e coletivos da mente. Essas camadas são a Afiliação/Pertencimento, que se refere ao grau de envolvimento dos membros com a tarefa e com os outros integrantes do grupo, evoluindo de uma simples afiliação para um profundo sentimento de pertença.

A Cooperação é a capacidade de cada membro colaborar com os outros de forma complementar, contribuindo para a execução da tarefa do grupo de acordo com suas habilidades e possibilidades.

A Pertinência consiste na concentração do grupo na tarefa proposta, superando estereótipos, ansiedade e resistência à mudança, focando no presente momento do grupo.

A Comunicação é a base do grupo, permitindo a observação dos vínculos entre os membros. Pode ocorrer de várias maneiras, incluindo comunicação do líder para o grupo, do grupo para o líder, entre subgrupos, e uma comunicação respeitosa e eficaz entre todos os membros.

A Aprendizagem se refere à incorporação das contribuições de cada membro em direção à tarefa, promovendo mudanças de atitude e adaptação ativa à realidade. Envolve criatividade, elaboração de ansiedades e uma abordagem ativa diante de desafios.

E, por fim, a Tele, que é a disposição dos membros para trabalhar na tarefa do grupo e interagir com os outros, reflete o clima coletivo e afeta as interações entre os membros. O estudo da comunicação pode fornecer *insights* sobre o estado desse vetor. Esses elementos interagem entre si para determinar a eficácia e a dinâmica de um grupo, influenciando o seu desempenho e a coesão do grupo como um todo (Pichon-Rivière, 1991).

Na base do cone, encontramos as figuras de maior autoridade ou liderança dentro do grupo, que desempenham um papel crucial na definição das normas, dos valores e dos objetivos do grupo. Essas figuras exercem uma influência poderosa sobre os membros do grupo, muitas vezes moldando suas percepções e comportamentos de maneira significativa. À medida que nos movemos para cima no cone, aproximamo-nos da consciência individual de cada membro do grupo. Aqui, os processos de identificação, projeção e introjeção desempenham um papel importante na formação da identidade individual e na maneira como os membros do grupo se relacionam uns com os outros (Pichon-Rivière, 1991).

A Teoria do Cone Invertido de Pichon-Rivière destaca a interação dinâmica entre os processos inconscientes e conscientes que ocorrem nos grupos. Ela enfatiza a importância de compreender as dinâmicas grupais e as influências inconscientes que moldam o comportamento dos indivíduos dentro do grupo. Representa uma contribuição significativa para o campo da Psicologia Social, oferecendo uma visão abrangente das interações grupais e dos processos de formação da identidade individual dentro do contexto grupal.

### 1.2.3.1 Aplicações Práticas da Teoria dos Vínculos

Uma aplicação prática da Teoria dos Vínculos está na psicoterapia de grupo. Os princípios de Pichon-Rivière podem ser utilizados para estruturar sessões de terapia de grupo, nas quais a análise das interações e dos vínculos entre os participantes pode facilitar a resolução de conflitos internos e promover o desenvolvimento pessoal. A dinâmica do grupo operativo permite que os membros explorem suas questões emocionais em um ambiente seguro e suportivo, promovendo mudanças positivas.

No contexto educacional, a Teoria dos Vínculos pode ser aplicada para melhorar a dinâmica de sala de aula e a colaboração entre estudantes. Professores podem utilizar os conceitos de papéis, fantasias inconscientes e tarefas operativas para criar um ambiente de aprendizagem mais eficaz e coeso. A ênfase na comunicação e na cooperação ajuda a fomentar um senso de comunidade e pertencimento entre os alunos.

Na gestão organizacional, os princípios de Pichon-Rivière podem ser aplicados para melhorar a eficácia das equipes de trabalho. A compreensão dos vínculos e das dinâmicas grupais pode ajudar líderes a identificarem e resolverem conflitos, melhorarem a comunicação e promoverem um ambiente de trabalho mais colaborativo e produtivo. A teoria do cone invertido pode ser utilizada para analisar a estrutura organizacional e a influência dos líderes sobre os membros da equipe.

Em suma, a Teoria dos Vínculos, de Enrique Pichon-Rivière, é essencial para compreender as relações interpessoais e a dinâmica dos grupos. Destacando a importância dos vínculos afetivos na identidade individual e no funcionamento dos grupos, suas contribuições enfatizam a análise das interações sociais. A ênfase nos vínculos como elementos essenciais para entender o comportamento humano e a introdução do grupo operativo ampliam sua relevância. Sua teoria da matriz grupal e a Teoria do Cone Invertido oferecem perspectivas únicas sobre as dinâmicas grupais e a formação da identidade. No geral, suas teorias continuam a influenciar pesquisadores e profissionais, fornecendo uma base sólida para intervenções em contextos grupais.

### 1.2.4 Contribuições de Gustave Le Bon e William McDougall

Gustave Le Bon, um renomado psicólogo social e sociólogo francês do final do século XIX e início do século XX, é celebrado por suas notáveis contribuições ao estudo das massas e do comportamento coletivo, deixando um legado marcante na compreensão da psicologia dos grupos. Sua obra seminal **Psychologie des Foules (Psicologia das Multidões)**, publicada pela primeira vez em 1895, mergulha no fenômeno do comportamento coletivo e sua influência sobre o comportamento individual (Le Bon, 2008).

Le Bon argumenta que, quando as pessoas se reúnem em massa, tendem a perder sua individualidade, tornando-se suscetíveis à influência do grupo. Ele descreve o estado mental das massas como caracterizado pela impulsividade, pela sugestionabilidade e pela emotividade, que podem resultar em comportamentos irracionais e, às vezes, até violentos (Le Bon, 1922).

Para Le Bon, as multidões se caracterizam por uma espécie de inconsciência coletiva, na qual os indivíduos temporariamente renunciam a sua identidade pessoal, agindo de forma irracional e impulsiva. Ele argumenta que, na massa, tudo se torna contagioso, tanto os sentimentos bons quanto os maus, destacando a capacidade dos grupos de gerarem comportamentos extremos e irracionais. Assim, a inconsciência coletiva representa um estado mental comum compartilhado pelos membros do grupo. Nesse sentido, ele observou que as pessoas dentro de uma multidão podem agir de forma mais impulsiva e desinibida do que agiriam individualmente (Le Bon, 2008).

Além disso, Le Bon enfatiza a importância do líder no controle e na direção das massas. Para ele, o líder carismático tem o poder de influenciar as emoções e as decisões dos membros do grupo, moldando seu comportamento conforme seus interesses. Segundo o autor, a história é forjada pelos grandes homens que conduzem as massas. Ele também ressalta a relevância do líder na formação e no direcionamento dos grupos, destacando o poder que o líder exerce sobre os seguidores ao explorar suas emoções e instintos básicos, despertando uma febre emocional que os leva a agir com violência (Le Bon, 2008).

Outro conceito crucial desenvolvido por Gustave Le Bon é o da sugestibilidade. Ele argumenta que as pessoas em grupos tendem a ser mais suscetíveis à influência externa e menos capazes de pensar criticamente, seguindo cegamente as ideias e os comportamentos difundidos pelo grupo. Além disso, enfatiza que essa tendência pode levar à manipulação das multidões por meio de discursos persuasivos e símbolos poderosos, pois as ideias sugeridas aos indivíduos reunidos têm uma força muito maior do que aquelas sugeridas isoladamente (Le Bon, 1922).

Uma citação emblemática de Le Bon destaca a natureza peculiar do comportamento das massas, que são governadas mais pela sugestão, pela imaginação, pelas palavras e pelos exemplos do que pela razão (Le Bon, 2008). Essa perspectiva influenciou significativamente a psicologia de grupos, ressaltando a importância da dinâmica social na formação do comportamento coletivo.

William McDougall, um eminente psicólogo britânico do início do século XX, é reverenciado por suas valiosas contribuições ao entendimento dos instintos e da hereditariedade dentro do campo da psicologia. Sua obra mais proeminente, **An Introduction to Social Psychology (Uma Introdução à Psicologia Social)** (McDougall, 2015), destaca-se por suas teorias sobre a essência humana e o impacto dos instintos na motivação e no comportamento. McDougall também deixou sua marca na psicologia de grupos, especialmente ao explorar a influência dos instintos e da motivação humana nesse contexto.

Dentro de **An Introduction to Social Psychology**, McDougall investigou minuciosamente como os instintos moldam a formação e o comportamento dos grupos, fornecendo uma visão abrangente sobre esse fenômeno. Uma de suas contribuições notáveis para a Psicologia de Grupos é sua teoria sobre as necessidades sociais fundamentais dos indivíduos, que impulsionam sua participação em grupos. Ele sustentava que as pessoas se agregam a grupos em busca de satisfação emocional, social e de pertencimento (McDougall, 2015). Além disso, McDougall enfatizou o papel crucial das emoções na coesão e na regulação do comportamento grupal, destacando sua poderosa influência sobre as interações entre os membros.

McDougall postulava que os seres humanos são impulsionados por uma variedade de instintos inatos, como os instintos de luta, fuga e parentalidade, os quais servem como forças motivadoras primordiais moldando o comportamento humano e influenciando as interações sociais e a coesão grupal (McDougall, 2015).

Outro aspecto significativo das contribuições de McDougall para a Psicologia de Grupos reside em sua abordagem à liderança dentro desses contextos. Ele identificou características específicas dos líderes grupais, como carisma, habilidade de comunicação e capacidade de motivar os membros do grupo. Para McDougall (2015), o líder exerce uma influência poderosa sobre o grupo, guiado por seu carisma e sua capacidade de inspiração.

Uma citação notável de McDougall sublinha a importância dos instintos na formação dos grupos, destacando-os como os principais reguladores de toda atividade, mental e física, e responsáveis não apenas pelos atos voluntários do indivíduo, mas também pelos atos involuntários, conhecidos como reflexos (McDougall, 2015). Essa perspectiva ressalta a influência dos processos biológicos na psicologia de grupos e na formação dos comportamentos coletivos.

Os estudos de Gustave Le Bon e William McDougall oferecem conhecimentos profundos sobre a complexa dinâmica dos grupos e a influência do comportamento coletivo na sociedade. Le Bon, ao explorar a psicologia das massas, enfatizou a perda da individualidade e a emergência de um estado mental impulsivo e sugestionável quando as pessoas se reúnem em grupo. Suas observações sobre a importância do líder carismático e a sugestibilidade das multidões continuam a ser relevantes na compreensão dos fenômenos sociais contemporâneos. No entanto, McDougall trouxe uma abordagem mais ampla, destacando o papel dos instintos e das emoções na formação e na coesão dos grupos. Sua teoria sobre as necessidades sociais fundamentais dos indivíduos e a influência dos líderes grupais complementa as ideias de Le Bon, oferecendo uma visão abrangente da psicologia de grupos. Ambos os autores nos lembram da importância de entendermos as complexidades do comportamento coletivo para uma sociedade mais justa e harmoniosa. Suas contribuições continuam a inspirar pesquisadores e profissionais interessados na compreensão da mente humana e das interações sociais.

### 1.2.4.1 Aplicações Práticas das Contribuições de Gustave Le Bon e William McDougall

As contribuições de Gustave Le Bon e William McDougall à psicologia de grupos não apenas avançaram nossa compreensão teórica do comportamento coletivo, mas também têm aplicações práticas significativas em diversos campos. Suas ideias podem ser aplicadas em áreas como liderança, *marketing*, política, psicologia organizacional e educação.

As teorias de Le Bon e McDougall são particularmente úteis no contexto da liderança e da gestão de equipes. Le Bon destacou a importância do líder carismático em moldar o comportamento das massas, enfatizando a capacidade do líder de influenciar emocionalmente os membros do grupo. Em ambientes corporativos, líderes eficazes utilizam estratégias de comunicação emocionalmente ressonantes para motivar suas equipes, criando um senso de coesão e propósito comum. A compreensão da sugestionabilidade e da emotividade dos grupos permite aos líderes desenvolverem abordagens que maximizem a eficácia e a moral do grupo, adaptando suas mensagens às necessidades emocionais e psicológicas de seus seguidores.

McDougall, por sua vez, enfatizou a importância dos instintos e das emoções na coesão grupal. Na prática, isso sugere que líderes devem reconhecer e valorizar as necessidades instintivas de seus colaboradores, como o desejo de segurança, reconhecimento e pertencimento. Líderes que conseguem alinhar os objetivos da organização com as necessidades emocionais e instintivas dos empregados tendem a criar ambientes de trabalho mais produtivos e harmoniosos.

As ideias de Le Bon sobre a sugestionabilidade das massas são extremamente relevantes para o *marketing* e a publicidade. Publicitários frequentemente utilizam técnicas que exploram a sugestionabilidade do público-alvo, criando campanhas que apelam às emoções e aos instintos básicos. Elementos como *slogans* cativantes, imagens poderosas e apelos emocionais são usados para influenciar o comportamento de compra dos consumidores. A compreensão da dinâmica de grupo e da influência social também permite que profissionais de *marketing* desenvolvam estratégias virais, nas quais a disseminação rápida de mensagens e tendências é facilitada pelo comportamento coletivo.

Os estudos de Le Bon sobre a psicologia das massas são particularmente aplicáveis na política e na mobilização social. Políticos e ativistas frequentemente utilizam a dinâmica de grupo para influenciar e mobilizar eleitores e apoiadores. A capacidade de um líder político de gerar uma "febre emocional" por meio de discursos carismáticos e símbolos poderosos é uma manifestação prática das teorias de Le Bon. A sugestionabilidade das massas pode ser observada em comícios políticos, protestos e movimentos sociais, nos quais a ação coletiva é frequentemente impulsionada por emoções compartilhadas e pela liderança carismática.

No campo da psicologia organizacional, as ideias de McDougall sobre os instintos e as emoções que moldam o comportamento grupal são cruciais para a gestão de recursos humanos e o desenvolvimento organizacional. As organizações podem usar essas teorias para criar ambientes de trabalho que satisfaçam as necessidades emocionais e sociais dos empregados, promovendo um senso de pertencimento e coesão. Programas de treinamento e desenvolvimento que enfatizam a inteligência emocional e a comunicação eficaz podem ser desenhados com base nas contribuições de McDougall, ajudando a melhorar a dinâmica de grupo e a produtividade no local de trabalho.

Na educação, as teorias de Le Bon e McDougall podem ser aplicadas para entender e melhorar a dinâmica de sala de aula. Professores e administradores podem usar esses *insights* para criar ambientes de aprendizagem que promovam a coesão do grupo e a motivação dos alunos. O entendimento de como os instintos e as emoções influenciam o comportamento dos estudantes pode ajudar educadores a desenvolverem estratégias pedagógicas que engajem os alunos de maneira mais eficaz, promovendo um clima de aprendizagem positiva e colaborativa.

### 1.2.5 Psicodrama de Jacob Levy Moreno

O psicodrama de Jacob Levy Moreno é uma abordagem terapêutica dinâmica que utiliza técnicas dramáticas teatrais para explorar questões emocionais, psicológicas e conflitos internos dos indivíduos. Moreno, um médico psiquiatra e psicoterapeuta romeno-americano, desenvolveu o psicodrama na década de 1920 como forma de permitir que os pacientes representassem seus problemas em cena, possibilitando a expressão de emoções reprimidas e a busca por soluções (Ramalho, 2011). Essa prática inovadora, que combina teatro e psicologia, visa promover conhecimentos, resolução de conflitos e crescimento pessoal por meio da representação dramática de situações da vida real.

Uma das principais características do psicodrama é a utilização do conceito de "espaço cênico", no qual os participantes podem vivenciar suas histórias pessoais de forma simbólica. Como destaca Moreno, a cena é um microcosmo da vida real em que as pessoas podem representar suas vidas com mais liberdade (Moreno; Moreno, 2014).

Durante uma sessão de psicodrama, os participantes são encorajados a assumir papéis diferentes – incluindo o papel do protagonista, o dos auxiliares e até mesmo o dos antagonistas – com o objetivo de explorar perspectivas diversas sobre determinada situação. Essa técnica permite que os indivíduos se coloquem no lugar do outro e compreendam melhor as dinâmicas relacionais envolvidas (Moreno; Moreno, 2014).

Além disso, o psicodrama também enfatiza a importância da espontaneidade e da criatividade na resolução de conflitos internos, logo, ele enfatizou a importância da ação espontânea e da dramatização para acessar e transformar as emoções, os pensamentos e os comportamentos dos indivíduos (Moreno, 1992). Dessa forma, as atividades dramáticas propostas durante as sessões visam estimular a expressão autêntica dos sentimentos dos participantes.

Alguns dos principais conceitos do psicodrama são:

a. Papel social, em que Moreno enfatiza a importância dos papéis sociais que desempenhamos em nossas vidas. Ele acreditava que cada indivíduo atua em diversos papéis sociais, como o de pai, filho, colega de trabalho, amigo, entre outros. Esses papéis influenciam nossa identidade e comportamento em diferentes contextos. Jacob e Zerka Moreno (2014) afirmam que somos todos atores e atrizes, e cada um de nós representa muitos papéis.

b. Espaço cênico, que é o ambiente físico onde ocorre o psicodrama. Geralmente, é uma sala de terapia equipada com um palco ou área de representação. Esse espaço é considerado um lugar seguro e controlado, onde os participantes podem explorar suas emoções e experiências por meio da dramatização.

c. Protagonista, que é o indivíduo que escolhe explorar um tema ou situação específica durante a sessão de psicodrama, ele assume o papel principal na dramatização e é o foco da atenção do grupo terapêutico. O protagonista tem a oportunidade de expressar suas emoções, conflitos e desafios de forma criativa e autêntica.

d. Atores auxiliares, que são os outros participantes do grupo terapêutico que desempenham papéis secundários na dramatização. Eles interagem com o protagonista e contribuem para o desenvolvimento da cena, fornecendo suporte emocional, *feedback* e diferentes perspectivas sobre a situação em questão.
e. Dramatização de papéis, na qual os participantes têm a oportunidade de representar diferentes papéis e perspectivas dentro de uma cena. Isso permite uma compreensão mais profunda de suas próprias experiências e das dos outros, promovendo empatia, *insight* e resolução de conflitos (Moreno; Moreno, 2014).

As principais etapas e técnicas do psicodrama são compostas primeiramente pelo aquecimento, fase em que o psicodramatista prepara o grupo, garantindo envolvimento e participação. Além da integração, geralmente, o diretor de psicodrama promove atividades corporais e verbais, a fim de buscar um candidato para ser o protagonista deste encontro. Nessa fase, apresentam-se as diretrizes de como trabalhar o psicodrama. Seguidamente da etapa da dramatização, depois de escolhido o candidato, o diretor vai construindo a cena junto com o primeiro, montando, assim, o cenário, definindo os papéis a partir da cena do protagonista, convidando pessoas da plateia para participarem da dramatização. Algumas das técnicas utilizadas nessa fase são as técnicas clássicas (duplo, espelho, inversão de papéis, solilóquio, maximização e concretização). Por fim, a etapa compartilhamento, que é um momento de partilha, quando os participantes do psicodrama dividem seus sentimentos e sensações a partir da cena representada (Ramalho, 2011).

O psicodrama de Jacob Levy Moreno apresenta uma variedade de técnicas clássicas que são utilizadas para explorar questões emocionais, psicológicas e sociais dos participantes:

a. O duplo é uma técnica na qual um participante, chamado de "duplo", representa outro participante do grupo, geralmente o protagonista, expressando os pensamentos, as emoções ou as perspectivas não verbalizadas por esse protagonista. O objetivo do duplo é ampliar a compreensão do protagonista sobre sua própria experiência, oferecendo uma visão externa e facilitando a empatia e o *insight*.
b. O espelho é uma técnica que envolve os participantes do grupo refletindo os sentimentos, as posturas e os comportamentos do protagonista durante uma dramatização. Essa técnica permite que o protagonista experimente uma nova perspectiva sobre suas próprias emoções e comportamentos, além de receber *feedback* imediato do grupo.
c. Na inversão de papéis, os participantes trocam de papéis dentro de uma cena, permitindo que experimentem a perspectiva e os sentimentos uns dos outros. Essa técnica promove empatia, compreensão mútua e capacidade de ver uma situação a partir de diferentes pontos de vista.
d. O solilóquio, que é uma técnica na qual o protagonista expressa seus pensamentos, sentimentos e conflitos internos em voz alta, como se estivesse falando consigo mesmo. Essa técnica ajuda o protagonista a acessar e verbalizar aspectos de sua experiência interna, promovendo a autoconsciência e a reflexão.
e. A maximização e a concretização são técnicas que visam amplificar e tornar tangíveis os sentimentos e as experiências dos participantes. Na maximização, os participantes são encorajados a expressar suas emoções de forma intensa e exagerada, enquanto na concretização eles são incentivados a representar fisicamente objetos ou metáforas relacionadas à sua experiência emocional (Ramalho, 2011).

Além dessas técnicas clássicas, o psicodrama de Moreno também inclui outras práticas, sendo a dramatização em cena aberta que envolve a representação de situações da vida real pelos participantes, com a oportunidade de interromper a cena, discutir e explorar diferentes escolhas e desfechos; o psicodrama interno, que se refere à prática de conduzir uma dramatização individualmente, sem a presença de um grupo – isso permite que o indivíduo explore questões profundas e íntimas em um ambiente seguro e privado; o onirodrama, uma técnica na qual os sonhos são explorados por meio da dramatização – os participantes recriam aspectos de seus sonhos em uma cena e exploram seus significados e emoções subjacentes (Ramalho, 2011).

No psicodrama de Jacob Levy Moreno, além das técnicas de dramatização, são utilizadas ferramentas sociométricas para compreender as dinâmicas grupais e as relações sociais. Três dessas técnicas clássicas são a sociometria, o sociograma e o átomo social.

A sociometria é uma técnica utilizada para medir e compreender as relações sociais dentro de um grupo. Moreno desenvolveu essa técnica para identificar padrões de interação e preferências dentro do grupo. Por meio de questionários ou entrevistas, os participantes são convidados a escolherem com quem gostariam de interagir em diferentes situações ou atividades. Essas informações são então analisadas para identificar padrões de afinidade, liderança, exclusão, entre outros aspectos das relações sociais.

O sociograma é uma representação visual das relações sociais identificadas pela sociometria. Geralmente, é apresentado na forma de um diagrama, no qual os participantes do grupo são representados por círculos ou pontos, e as relações entre eles são mostradas por meio de linhas ou setas. As conexões no sociograma podem indicar amizades, colaborações, rivalidades, entre outros tipos de interações. O sociograma oferece uma visão clara das dinâmicas sociais do grupo e pode ser usado para identificar possíveis problemas ou áreas de interesse para o trabalho terapêutico.

O átomo social é uma representação visual da estrutura social de um grupo, desenvolvida por Moreno. Ele concebeu o átomo social como uma metáfora para descrever as interações entre os membros de um grupo. No átomo social, cada participante é representado por um ponto, e as conexões entre eles são mostradas por meio de linhas que representam relações sociais específicas, como amizades, conflitos, alianças, entre outros. O átomo social permite uma análise detalhada das relações sociais e da estrutura de poder dentro do grupo (Moreno, 1992).

### 1.2.5.1 Aplicações Práticas do Psicodrama

O psicodrama de Jacob Levy Moreno apresenta várias aplicações práticas que podem ser utilizadas em diferentes contextos terapêuticos e educacionais.

No contexto da terapia individual, o psicodrama pode ser utilizado para ajudar os pacientes a explorarem e resolverem conflitos internos, traumas e problemas emocionais. As técnicas de dramatização permitem que os indivíduos expressem seus sentimentos de forma segura e controlada, facilitando a introspecção e o autoconhecimento.

Em sessões de terapia de grupo, o psicodrama promove a coesão grupal e a compreensão mútua entre os participantes. A dramatização de papéis permite que os membros do grupo compreendam as experiências uns dos outros, fomentando empatia e suporte emocional.

O psicodrama pode ser aplicado em contextos educacionais para desenvolver habilidades sociais e emocionais entre os estudantes. A dramatização de situações da vida real ajuda os alunos a lidarem com conflitos interpessoais, melhorarem a comunicação e desenvolverem a capacidade de resolução de problemas.

No ambiente corporativo, o psicodrama pode ser utilizado para o desenvolvimento de liderança, trabalho em equipe e resolução de conflitos. As técnicas de dramatização ajudam os funcionários a compreenderem melhor suas dinâmicas de trabalho, aprimorarem suas habilidades de comunicação e desenvolverem estratégias eficazes de solução de problemas.

O psicodrama também pode ser utilizado como uma ferramenta de desenvolvimento pessoal, ajudando os indivíduos a explorarem suas identidades, seus papéis sociais e seus relacionamentos. As sessões de dramatização oferecem um espaço seguro para a expressão de emoções e a busca por soluções para desafios pessoais.

Em suma, o psicodrama de Jacob Levy Moreno oferece uma abordagem inovadora e eficaz para o trabalho terapêutico, integrando elementos da arte dramática ao processo de autoconhecimento e transformação pessoal. Ao permitir que os indivíduos representem suas narrativas internas em cena, o psicodrama possibilita uma maior compreensão de si mesmos e das relações interpessoais, promovendo assim o crescimento emocional e psicológico.

## 1.3 Importância da Compreensão dos Processos Grupais

A compreensão dos processos grupais é de suma importância em uma ampla gama de áreas do conhecimento, permeando desde os domínios da psicologia até os da administração e os da sociologia. Para verdadeiramente internalizarmos a relevância desse entendimento, torna-se imprescindível uma investigação aprofundada do contexto histórico e das contribuições dos principais teóricos que moldaram esse campo.

Kurt Lewin, um dos precursores da psicologia social, é reconhecido por seu trabalho seminal na Teoria da Dinâmica de Grupo. Sua ênfase na compreensão dos comportamentos individuais no contexto grupal, bem como na influência mútua entre a dinâmica interna dos grupos e o comportamento individual, destaca-se como um marco fundamental. Suas investigações abordando temas como liderança, coesão e resolução de conflitos lançam luz sobre a essência do funcionamento dos grupos e oferecem *insights* preciosos para a otimização de seu desempenho.

As contribuições da Psicanálise, especialmente por meio dos trabalhos de Sigmund Freud e Wilfred Bion, desempenham um papel crucial na compreensão dos processos grupais. Enquanto Freud evidenciou a influência do inconsciente nos grupos, Bion avançou ao desenvolver a teoria dos grupos como sistemas emocionais, explorando conceitos como a função básica do grupo e os processos de trabalho em equipe.

Outro expoente nesse campo é Enrique Pichon-Rivière, cuja Teoria dos Vínculos ressalta a importância dos laços interpessoais na formação e na dinâmica dos grupos. Sua abordagem sistêmica, que considera os indivíduos como partes integrantes de um todo maior, no qual influenciam e são influenciados pelos demais membros do grupo, contribui significativamente para a compreensão das interações grupais.

Gustave Le Bon e William McDougall, por sua vez, enriqueceram o entendimento dos processos grupais ao investigarem questões como liderança, sugestionabilidade e comportamento de massa. Suas pesquisas lançaram luz sobre os fenômenos coletivos e evidenciaram a profunda influência que o contexto social exerce sobre o comportamento individual dentro dos grupos.

Por fim, Jacob Levy Moreno introduziu o psicodrama como uma ferramenta poderosa para a exploração e transformação dos processos grupais. Sua ênfase na expressão emocional e na ação dramática como meios de resolver conflitos e fortalecer os laços entre os membros do grupo representa uma contribuição significativa para a prática e a compreensão das dinâmicas grupais.

Em síntese, a compreensão dos processos grupais é essencial para uma miríade de campos de estudo e práticas profissionais. Ao examinarmos minuciosamente as contribuições desses teóricos e suas respectivas teorias, podemos aprimorar nossa compreensão dos grupos e desenvolver estratégias mais eficazes para trabalhar com eles em uma variedade de contextos.

## REFERÊNCIAS

BION, W. R. **Aprender da experiência**. São Paulo: Editora Blucher, 2021.

BION, W. R. **Experiências com grupos**. Rio de Janeiro: Imago, 1975. (Trabalho original publicado em 1961).

BLEGER, J. **Temas de psicologia:** entrevista e grupos. Tradução de R. M. M. Moraes. Porto Alegre: Artmed, 1993.

CARTWRIGHT, D.; ZANDER, A. F. **Dinâmica de grupo**. São Paulo: Herder, 1967.

FREUD, S. **A interpretação dos sonhos**. Obras completas. Rio de Janeiro: Imago, 1900. v. 5.

FREUD, S. Além do princípio do prazer, psicologia de grupo e outros trabalhos (1920-1922). *In*: FREUD, S. **Obras psicológicas completas de Sigmund Freud**. Rio de Janeiro: Imago, 1996. v. 18, p. 157-186.

FREUD, S. **Psicologia das massas e análise do eu e outros textos**: 1920-1923. São Paulo: Companhia das Letras, 2011. p. 343-343.

LE BON, G. **Psicologia das multidões**. Tradução de Mariana Sérvulo da Cunha. São Paulo: WMF Martins Fontes, 2008.

LE BON, G. **As opiniões e as crenças**. Rio de Janeiro: Garnier, 1922.

LEWIN, K. **Field theory in social science:** selected theoretical papers. Edited by Dorwin Cartwright. New York: Harper & Row, 1951.

MCDOUGALL, W. **An introduction to social psychology.** New York: Psychology Press, 2015.

MINICUCCI, A. **Dinâmica de grupo:** teorias e sistemas. 5. ed. São Paulo: Atlas, 2001.

MORENO, J. L. **Quem sobreviverá?:** fundamentos da sociometria, psicoterapia de grupo e sociodrama. Rio de Janeiro: Dimensão Editora, 1992.

MORENO, J. L.; MORENO, Z. T. **Fundamentos do psicodrama**. São Paulo: Editora Ágora, 2014.

OSORIO, L. C. **Como trabalhar com sistemas humanos:** grupos, casais e famílias, em presas. Porto Alegre: Artmed, 2013.

OSORIO, L. C. *et al*. **Grupos:** teorias e práticas – acessando a era da grupalidade. Porto Alegre: Artmed, 2000.

PICHON-RIVIÈRE, E. **O processo grupal**. São Paulo: Martins Fontes, 2000. p. 239-239.

PICHON-RIVIÈRE, E. **Teoria do vínculo**. 4. ed. São Paulo: Martins Fontes, 1991.

RAMALHO, C. M. R. **Psicodrama e dinâmica de grupo**. São Paulo: Iglu, 2011.

RODRIGUES, M. B.; PRÁ, R.; CARVALHO, L. A. de *et al*. **Processos grupais**. Porto Alegre: Grupo A, 2022.

ZIMERMAN, D. E. **Fundamentos básicos das grupoterapias**. 2. ed. Porto Alegre: Grupo A, 2011.

ZIMERMAN, D. E.; OSORIO, L. C. **Como trabalhamos com grupos**. Porto Alegre: Artes Médicas, 1997.

# CAPÍTULO 2

## DINÂMICA E ESTRUTURA DE GRUPOS

### 2.1 Teorias sobre a Formação e Evolução de Grupos (Modelo de Fases de Grupo de Bruce Tuckman)

Bruce Tuckman foi um renomado psicólogo social que fez contribuições significativas para o campo da dinâmica de grupo e do desenvolvimento organizacional. Seu trabalho seminal sobre os estágios de desenvolvimento de grupos é amplamente reconhecido e continua a influenciar a compreensão das interações grupais até os dias de hoje (Egolf, 2013)

Tuckman nasceu em 24 de novembro de 1938, em Nova York, Estados Unidos. Ele obteve seu doutorado em psicologia social pela Universidade de Princeton, em 1960, e dedicou sua carreira ao estudo dos processos grupais e organizacionais. Uma de suas contribuições mais conhecidas é a Teoria dos Estágios de Desenvolvimento de Grupos, apresentada em seu artigo de 1965 intitulado "Developmental Sequence in Small Groups" (Egolf, 2013). Essa teoria descreve uma série de estágios pelos quais os grupos passam durante seu desenvolvimento, fornecendo *insights* valiosos sobre as dinâmicas internas dos grupos e as mudanças que ocorrem ao longo do tempo (Egolf, 2013).

Tuckman identificou quatro estágios principais: formação, conflito, normatização e desempenho. Posteriormente, em 1977, ele acrescentou um quinto estágio, a dissolução, à sua teoria original. A teoria dos estágios de desenvolvimento de grupos proposta por Bruce Tuckman é amplamente reconhecida e aplicada em diversos contextos sociais e organizacionais. Ela descreve uma sequência de estágios pelos quais os grupos passam durante seu processo de formação e desenvolvimento do tempo (Egolf, 2013).

O primeiro estágio descrito por Tuckman é o Estágio de Formação. Ele inaugura o ciclo de desenvolvimento do grupo, marcado por um período inicial de adaptação e exploração. Nele, os membros do grupo estão em processo de familiarização uns com os outros e com os propósitos do grupo. Tuckman observa que é comum que surjam ansiedade e incerteza, enquanto os indivíduos tentam ajustar-se ao novo contexto social. Durante esse estágio, os membros podem sentir-se dependentes do líder, buscando orientação e direcionamento para navegar nesse terreno desconhecido (Tuckman, 1965).

O segundo estágio é o Estágio de Conflito, também conhecido como tormenta ou discussão, esse estágio é o momento em que as divergências individuais emergem, potencialmente, levando a conflitos sobre objetivos, papéis e procedimentos. É uma fase crucial para o crescimento do grupo, permitindo que questões subjacentes sejam trazidas à tona e confrontadas. Aqui, debates intensos e confrontações de ideias são comuns, à medida que os membros buscam estabelecer suas posições e influências dentro do grupo (Tuckman, 1965).

O terceiro estágio é o Estágio de Normatização. Nesse estágio, o grupo começa a estabelecer normas e regras de comportamento que guiarão suas interações futuras. Essas normas podem abranger desde expectativas sobre comunicação até processos de tomada de decisão e resolução de conflitos. É importante ressaltar que essas normas nem sempre são explicitamente articuladas; muitas vezes, são internalizadas pelos membros do grupo como padrões de comportamento esperados. Durante esse estágio, ocorre uma maior conformidade às normas sociais do grupo e aceitação dos papéis e das responsabilidades definidos (Tuckman, 1965).

O quarto estágio é o Estágio de Desempenho. Aqui, o grupo atinge sua máxima eficácia e produtividade, trabalhando de forma coesa em direção aos objetivos estabelecidos. Os membros demonstram maior confiança em suas habilidades individuais e no potencial coletivo do grupo. Colaboração e motivação estão em alta, impulsionando-os a alcançar suas metas de maneira eficiente, aproveitando ao máximo as habilidades e os recursos disponíveis (Tuckman, 1965).

Por fim, o quinto estágio é o Estágio de Dissolução. Nesse estágio final, o grupo completa suas tarefas e objetivos ou enfrenta mudanças significativas no ambiente externo que afetam sua continuidade. Os membros podem experimentar uma gama de emoções, desde nostalgia até alívio, dependendo das experiências compartilhadas durante sua jornada conjunta. Embora marque o fim formal do grupo, o estágio de dissolução pode deixar um legado duradouro nas relações e memórias dos seus membros (Tuckman, 1965).

## 2.1.1 Aplicações Práticas da Teoria de Tuckman

A teoria dos estágios de desenvolvimento de grupos de Bruce Tuckman oferece uma estrutura útil para entender as complexas dinâmicas que ocorrem dentro dos grupos ao longo do tempo. Desde a formação inicial e a resolução de conflitos até a normatização, o desempenho e a eventual dissolução, essa teoria fornece descobertas relevantes sobre os processos de desenvolvimento de grupos e as interações entre seus membros.

No contexto educacional, a teoria de Tuckman pode ser aplicada para melhorar o desempenho de grupos de estudo e equipes de projetos. Professores podem usar esses estágios para orientar seus alunos durante projetos colaborativos, ajudando-os a reconhecer e superar conflitos iniciais, estabelecer normas eficazes e trabalhar de maneira mais produtiva.

Em ambientes de trabalho, líderes e gestores podem utilizar a teoria de Tuckman para guiar suas equipes por meio dos estágios de desenvolvimento. Reconhecer em que estágio uma equipe se encontra permite que os líderes intervenham de maneira mais eficaz, facilitando a resolução de conflitos e promovendo a coesão do grupo.

Consultores de desenvolvimento organizacional frequentemente utilizam a teoria de Tuckman em programas de *team building*. Ao entender os estágios de desenvolvimento, facilitadores podem desenhar atividades específicas que ajudam as equipes a progredirem por meio dos estágios de formação, normatização e desempenho de maneira mais eficiente.

Em grupos terapêuticos, como grupos de apoio ou sessões de terapia em grupo, a teoria de Tuckman pode ajudar os facilitadores a entenderem e manejarem as dinâmicas grupais. Isso é especialmente útil para identificar quando um grupo está passando por conflitos e como orientar os membros para resolver essas questões de forma construtiva.

No treinamento corporativo, a compreensão dos estágios de Tuckman pode ajudar instrutores a estruturarem treinamento que não apenas transmitam conhecimento, mas também promovam a coesão e o desempenho da equipe. Isso pode resultar em um ambiente de aprendizagem mais eficaz e um desempenho melhorado no local de trabalho.

Em resumo, a teoria dos estágios de desenvolvimento de grupos de Bruce Tuckman oferece uma estrutura útil para entender as complexas dinâmicas que ocorrem dentro dos grupos ao longo do tempo. Desde a formação inicial e a resolução de conflitos até a normatização, o desempenho e a eventual dissolução, essa teoria fornece entendimentos sobre os processos de desenvolvimento de grupos e as interações entre seus membros.

## 2.2  Papéis e Normas dentro dos Grupos – Kurt Lewin

Kurt Lewin, um dos pioneiros da psicologia social, contribuiu significativamente para a compreensão dos processos grupais, incluindo a dinâmica dos papéis e normas dentro deles. Suas teorias e conceitos continuam a ser influentes no estudo das interações sociais até os dias de hoje. Lewin enfatizou a importância da compreensão dos papéis e normas dentro dos grupos para entender o comportamento individual e coletivo. Ele argumentou que os grupos não são apenas uma coleção de indivíduos, mas sistemas complexos nos quais os membros desempenham papéis específicos e seguem normas estabelecidas (Rodrigues; Prá; Carvalho *et al.*, 2022).

Dentro de um grupo, os papéis são fundamentais na definição das interações e expectativas dos membros. Eles representam as funções e os comportamentos atribuídos a cada indivíduo, refletindo as dinâmicas sociais específicas de cada contexto. Como Kurt Lewin observou, o papel é aquilo que uma pessoa faz ou é esperado que faça em uma situação social específica. Eles podem variar de formais, como o líder ou facilitador, a informais, como o engraçado ou mediador de conflitos (Lewin, 1951).

Já as normas são os pilares que sustentam o funcionamento harmonioso do grupo. Elas estabelecem os padrões de comportamento considerados apropriados e desejáveis pelos membros. Como bem descreveu Lewin, as normas são como expectativas compartilhadas sobre o comportamento apropriado dos participantes do grupo em uma determinada situação. Essas normas podem se manifestar de maneira explícita, por meio de regras formalmente estabelecidas, ou de forma implícita, representando os padrões de comportamento aceitos e internalizados pelo grupo como um todo (Lewin, 1951).

A dinâmica dos papéis e normas dentro de um grupo pode influenciar significativamente o comportamento e o desempenho dos membros. Por exemplo, quando eles desempenham papéis que são consistentes com as normas do grupo, eles tendem a ser aceitos e valorizados pelos outros membros. No entanto, a violação das normas pode resultar em sanções sociais, como ostracismo ou rejeição. Além disso, Lewin destacou a importância da liderança na formação e manutenção das normas do grupo. Ele argumentou que os líderes têm um papel crucial na modelagem do comportamento dos membros do grupo e na promoção de normas positivas e produtivas (Cartwright; Zander, 1967).

Na dinâmica dos grupos, conforme destaca por Lewin (1973) *apud* Rodrigues, Prá, Carvalho *et al.* (2022), abrange diversos aspectos fundamentais que influenciam seu funcionamento e sua coesão:

- Composição: esse aspecto refere-se à constituição dos participantes dentro do grupo, que pode variar entre homogeneidade e heterogeneidade. Em grupos homogêneos, em que os membros compartilham características similares, como experiências, opiniões ou demografia, pode ocorrer uma maior harmonia e facilidade de identificação entre os membros. Em contrapartida, grupos heterogêneos, com uma diversidade de perspectivas, habilidades e *backgrounds*, podem enriquecer as discussões e contribuir para soluções mais criativas e abrangentes. É importante notar que grupos menores tendem a ter menos conflitos, mas podem enfrentar limitações de criatividade devido à falta de diversidade de ideias.

- Estrutura: esse aspecto abrange a organização interna do grupo, incluindo tanto os arranjos formais quanto os informais. Os arranjos formais referem-se às regras, aos papéis designados e à hierarquia estabelecida dentro do grupo. No entanto, os arranjos informais englobam os relacionamentos interpessoais, comunicação não oficial e dinâmicas sociais entre os membros. O tamanho do grupo pode influenciar sua dinâmica, pois grupos menores tendem a ser mais coesos e eficientes na tomada de decisões, enquanto grupos maiores podem oferecer uma variedade de perspectivas e habilidades.

- Objetivos: os objetivos representam a finalidade ou razão de ser do grupo, fornecendo direção e propósito para suas atividades e interações. Definir objetivos claros e compartilhados é fundamental para orientar as ações do grupo e garantir um foco comum.

- Enquadre: esse aspecto inclui os aspectos logísticos e organizacionais necessários para o funcionamento eficaz do grupo, como horários de reunião, local de encontro, frequência das reuniões e políticas de participação e ausência. Um enquadre bem definido ajuda a estabelecer expectativas claras e a criar uma estrutura que facilite a colaboração e o engajamento dos membros.

- Relação entre tarefa e emoções: reconhece-se que as dimensões da tarefa a ser realizada e as emoções dos membros do grupo estão interligadas. Enquanto a tarefa refere-se aos objetivos práticos e às metas a serem alcançadas pelo grupo, as emoções dos membros permanecem intrínsecas e podem influenciar significativamente a realização dessas tarefas. Dificuldades na realização da tarefa muitas vezes estão relacionadas às reações emocionais dos membros, destacando a importância de gerenciar as emoções de forma eficaz para promover um ambiente de trabalho produtivo e colaborativo.

- Papéis: dentro do grupo, existem papéis específicos que precisam ser desempenhados para garantir seu funcionamento adequado. Eles podem ser formais, como líderes designados ou facilitadores de tarefas, ou informais, como organizadores ou mediadores de conflitos. A saúde do grupo está intimamente ligada à capacidade dos membros de desempenharem e intercambiarem esses papéis com responsabilidade e eficácia.

- Comunicação: a comunicação eficaz é essencial para o bom funcionamento do grupo, pois facilita a troca de informações, ideias e opiniões entre os membros. Formas autênticas de comunicação promovem um ambiente de confiança e colaboração, enquanto a falta de fluidez e confiança na comunicação pode levar ao surgimento de redes paralelas ou conflitos dentro do grupo, enfraquecendo sua coesão e eficácia.

### 2.2.1 Aplicações Práticas

A compreensão dos papéis e das normas dentro dos grupos, conforme a perspectiva de Kurt Lewin, oferece várias aplicações práticas em diferentes contextos. A seguir, são apresentadas algumas das principais aplicações:

a. Ambiente de trabalho: as organizações podem usar os princípios de Lewin para estruturar equipes de forma eficaz, garantindo que os membros compreendam claramente seus papéis e as normas do grupo. Isso pode aumentar a produtividade e a satisfação no trabalho, ao mesmo tempo que reduz conflitos e melhora a comunicação.

b. Educação: em contextos educacionais, professores e administradores podem aplicar os conceitos de papéis e normas para melhorar a dinâmica de sala de aula e promover um ambiente de aprendizagem colaborativo e respeitoso. Estabelecer normas claras pode ajudar a manter a disciplina e encorajar comportamentos positivos entre os estudantes.

c. Psicoterapia de grupo: terapias de grupo podem se beneficiar da compreensão dos papéis e normas, ajudando os membros a se sentirem mais seguros e apoiados. Os terapeutas podem facilitar a criação de normas que promovam a abertura e a confiança, e ajudar os membros a entenderem e explorarem seus papéis dentro do grupo terapêutico.

d. Comunidades: grupos comunitários e organizações sem fins lucrativos podem usar esses conceitos para melhorar a coesão e a eficácia de suas iniciativas.

Compreender os papéis e as normas pode ajudar a mobilizar recursos e esforços de maneira mais eficiente, além de promover um senso de pertencimento e compromisso entre os membros.

e. Esportes: em equipes esportivas, a definição clara de papéis e normas pode melhorar o desempenho coletivo. Treinadores podem usar esses princípios para fomentar a cooperação e a coesão do time, garantindo que cada jogador entenda suas responsabilidades e contribuições para o sucesso do grupo.

Em resumo, a perspectiva de Kurt Lewin sobre papéis e normas dentro dos grupos oferece *insights* valiosos sobre como os grupos funcionam e como o comportamento individual é influenciado pelo contexto social. Suas ideias continuam a ser fundamentais para o estudo e a compreensão das dinâmicas grupais na psicologia social contemporânea. Além da compreensão dos aspectos como composição, estrutura, objetivos, enquadre, relação entre tarefa e emoções, papéis e comunicação são essenciais para entender a dinâmica dos grupos. Esses elementos interagem entre si e moldam o funcionamento e a coesão dos grupos, contribuindo para o alcance de seus objetivos e a satisfação de seus membros.

## 2.3 Comunicação e Tomada de Decisão

### 2.3.1 Teoria da Comunicação em Grupos de Alex Bavelas

A Teoria da Comunicação em Grupos de Alex Bavelas é um marco significativo no estudo das interações sociais e dinâmicas de grupo. Desenvolvida na década de 1950, essa teoria proporcionou uma compreensão mais profunda sobre como a comunicação influencia o comportamento e a coesão dos grupos. Bavelas, um renomado psicólogo social, dedicou-se a investigar como a comunicação influencia as interações grupais e os resultados alcançados pelos grupos (Cartwright; Zander, 1967).

Bavelas ressalta a importância central da comunicação na coesão e na eficácia dos grupos. Ele destaca que a qualidade e a frequência da comunicação entre os membros são fatores cruciais para determinar o sucesso ou fracasso das atividades grupais. Além disso, Bavelas enfatiza o papel fundamental dos membros centrais na coordenação das atividades do grupo e na disseminação de informações. Uma contribuição relevante de sua teoria é o reconhecimento da comunicação não verbal nos grupos. Ele argumenta que gestos, expressões faciais e posturas corporais desempenham um papel significativo na transmissão de mensagens e na construção de relacionamentos interpessoais dentro do grupo (Cartwright; Zander, 1967).

Além disso, Bavelas desenvolveu o conceito de "estrutura de comunicação" dentro dos grupos. Ele propôs que a estrutura de comunicação, que se refere aos padrões de interação entre os membros, tem um impacto direto no desempenho do grupo. Uma estrutura de comunicação eficaz facilita a troca de informações, a tomada de decisões e a resolução de problemas (Bavelas, 1950).

Na Teoria da Comunicação em Grupos de Bavelas (1950), destacam-se quatro elementos essenciais que influenciam diretamente a dinâmica comunicativa e o funcionamento dos grupos:

- Redes de comunicação: Bavelas identificou três tipos principais de redes de comunicação em grupos: a roda, o círculo e a cadeia. Na rede de roda, um membro central é o principal ponto de contato para todos os outros membros. Na rede de círculo, todos os membros estão conectados uns aos outros. Na rede de cadeia, a comunicação segue uma sequência linear de membros.

- Centralidade da Comunicação: Bavelas observou que certos membros do grupo desempenham papéis mais centrais na rede de comunicação. Esses membros têm um grande impacto na disseminação de informações e na coesão do grupo.
- Padrões de comunicação: a teoria de Bavelas também analisa os padrões de comunicação dentro dos grupos, incluindo a frequência, a clareza e a eficácia das interações entre os membros.
- Efeitos da comunicação: Bavelas investigou como a comunicação afeta o desempenho do grupo, a satisfação dos membros e a coesão geral. Ele descobriu que grupos com uma comunicação mais aberta e eficaz tendem a ser mais produtivos e coesos.

### 2.3.1.1 Aplicações Práticas da Teoria da Comunicação em Grupos de Alex Bavelas

A Teoria da Comunicação em Grupos de Bavelas tem diversas aplicações práticas em contextos variados, incluindo organizações, equipes de trabalho, educação e saúde. Compreender os padrões de comunicação dentro dos grupos permite aos líderes e facilitadores melhorarem a eficácia das interações e promoverem uma maior colaboração e engajamento (Cartwright; Zander, 1967).

- Organizações e equipes de trabalho: estruturas de rede, onda nas organizações, identificação e utilização de diferentes estruturas de rede podem ajudar a melhorar a eficiência e a clareza na transmissão de informações. Por exemplo, uma rede de roda pode ser útil em contextos em que um líder central precisa coordenar muitas tarefas e decisões. Além da função dos líderes, a centralidade da comunicação enfatiza a importância dos líderes em facilitar a disseminação de informações e em promover a coesão dentro da equipe. Líderes que compreendem e aplicam essa teoria podem melhorar a dinâmica do grupo, garantindo que as informações fluam de forma eficaz e que todos os membros se sintam incluídos no processo.

- Educação: tendo a sala de aula e grupos de estudo, os professores podem utilizar a teoria para organizar grupos de estudo mais eficazes. Entender como as redes de comunicação influenciam a dinâmica do grupo ajuda a criar ambientes de aprendizagem colaborativa nos quais todos os alunos participam ativamente. Desenvolvimento de Habilidades Interpessoais, ensinar os estudantes sobre a importância da comunicação não verbal e os padrões de comunicação, educadores podem melhorar as habilidades interpessoais e a capacidade de trabalho em grupo dos estudantes.
- Saúde: a presença de Equipes Multidisciplinares, que atuam de forma integrada, permite a aplicação da teoria de Bavelas para melhorar a coordenação e a comunicação entre diferentes profissionais. Isso pode levar a um atendimento mais eficiente e coeso ao paciente, especialmente no que tange à comunicação, visto que a compreensão da linguagem não verbal é particularmente útil e pode fornecer informações valiosas sobre o estado emocional e físico do paciente.
- Contextos digitais: ambientes virtuais, pois, na era digital, em que as interações *online* desempenham um papel cada vez mais importante, a teoria de Bavelas permanece relevante. Estudar como as redes de comunicação se formam e evoluem em ambientes virtuais

pode oferecer uma perspectiva sobre como promover uma comunicação eficaz e construir relacionamentos sólidos em contextos *online*. E ferramentas de comunicação, visto que a escolha e a utilização de ferramentas de comunicação digital podem ser otimizadas ao compreender os padrões de comunicação e as estruturas de rede. Plataformas que facilitam uma comunicação clara e frequente podem melhorar a produtividade e a coesão dos grupos que trabalham remotamente.

Em resumo, a Teoria da Comunicação em Grupos, de Alex Bavelas, representa uma contribuição significativa para o estudo da dinâmica de grupo e a eficácia da comunicação interpessoal. Suas ideias continuam a influenciar pesquisadores e praticantes interessados em compreender e melhorar as interações sociais dentro dos grupos. Oferece entendimentos sobre como a comunicação influencia as dinâmicas e resultados dos grupos sociais. Suas contribuições continuam a ser relevantes para pesquisadores e profissionais interessados no funcionamento e na otimização do desempenho dos grupos.

### 2.3.2 Teoria da Comunicação – Contribuições de Kurt Lewin

A interseção entre comunicação e tomada de decisão é um campo vasto e complexo, que tem sido alvo de estudo e reflexão ao longo de décadas. Entre os muitos pensadores que contribuíram para essa área, destaca-se Kurt Lewin, um dos pioneiros na psicologia social e cujas ideias continuam a influenciar nosso entendimento sobre esses processos (Osorio, 2009).

Em suas pesquisas, Lewin destacou a importância da comunicação eficaz para o processo de tomada de decisão dentro dos grupos. Ele argumentava que a qualidade da comunicação influencia diretamente a qualidade das decisões grupais. Lewin enfatizava a interdependência entre a comunicação e o processo decisório, argumentando que ambas são intrinsecamente ligadas e exercem um papel significativo na eficácia organizacional (Lewin, 1948).

Uma das contribuições mais significativas de Lewin foi a Teoria de Campo, que propunha uma abordagem holística para compreender o comportamento humano. Segundo essa teoria, o comportamento de um indivíduo é influenciado por fatores internos, como traços de personalidade, além do ambiente social e físico ao seu redor. Nesse contexto, a comunicação desempenha um papel fundamental como meio de interação entre os diversos elementos do campo psicológico de uma pessoa (Minicucci, 2001). Ao estudar a dinâmica dos grupos, Lewin identificou a importância da comunicação aberta e transparente na tomada de decisões coletivas. Ele argumentava que um fluxo contínuo de informações entre os membros do grupo era essencial para alcançar consensos e resolver conflitos de maneira construtiva (Lewin, 1948).

Além disso, Lewin introduziu o conceito de clima de grupo, que se refere ao ambiente psicológico e emocional dentro de um grupo. Ele argumentava que um clima de grupo positivo, caracterizado por abertura, confiança e apoio mútuo, promove uma comunicação mais eficaz e uma tomada de decisão mais colaborativa. No entanto, um clima de grupo negativo, marcado por conflitos, desconfiança e hostilidade, pode prejudicar a comunicação e as decisões (Minicucci, 2001).

Outro aspecto importante das contribuições de Lewin para a compreensão da relação entre comunicação e tomada de decisão é a sua ênfase na experimentação e na pesquisa-ação. Ele acreditava que os estudos empíricos eram essenciais para identificar os fatores que influenciam o processo decisório e desenvolver estratégias eficazes para melhorar a comunicação dentro das organizações. Suas pesquisas pioneiras sobre dinâmica de grupo e liderança serviram de base para muitos estudos subsequentes sobre esse tema (Osorio, 2009).

Kurt Lewin, além de suas contribuições para a compreensão da relação entre comunicação e tomada de decisão, também desenvolveu uma abordagem sistemática para o processo de solução de problemas em grupo. Esse processo é composto por várias etapas essenciais, cada uma desempenhando um papel crucial na busca por soluções eficazes e sustentáveis (Osorio, 2009).

A primeira etapa delineada por Lewin é a Definição dos Problemas. Nessa fase, o grupo identifica e delimita claramente as questões que precisam ser abordadas. É fundamental que todos os membros do grupo tenham uma compreensão comum do problema em questão, o que ajuda a evitar mal-entendidos e a garantir que todos estejam alinhados em relação aos objetivos da discussão.

Após a definição dos problemas, o próximo passo é a Promoção das Ideias, etapa na qual os membros do grupo são encorajados a contribuir com suas perspectivas, sugestões e soluções potenciais para o problema em questão, pois é importante a diversidade de ideias e da criatividade nesse processo, pois diferentes pontos de vista podem oferecer *insights* únicos e inovadores que podem levar a soluções mais eficazes.

Após a geração de ideias, segue-se a etapa de Verificação, em que o grupo avalia criticamente as diferentes propostas apresentadas, considerando sua viabilidade, sua praticidade e seu potencial impacto, tendo em vista que essa fase envolve análise detalhada e discussão aprofundada, com o objetivo de refinar e aprimorar as ideias iniciais antes de avançar para a próxima etapa.

A Tomada de Decisão é a quarta etapa do processo, em que o grupo seleciona a melhor solução entre as opções consideradas, visto que essa decisão pode ser alcançada por consenso, votação ou outro método acordado pelo grupo, logo, é importante garantir que todas as vozes sejam ouvidas durante esse processo e que a decisão final seja baseada em evidências sólidas e análise cuidadosa.

Finalmente, a última etapa do processo de solução de problemas em grupo é a Execução, na qual o grupo implementa a decisão tomada e acompanha sua implementação para garantir que os objetivos sejam alcançado. Essa fase envolve planejamento detalhado, alocação de recursos e monitoramento contínuo para garantir que a solução escolhida seja eficaz e sustentável a longo prazo (Osorio, 2009).

### 2.3.2.1 Modelo de Três Fases para a Mudança Organizacional

Lewin também é conhecido por seu modelo de três fases para a mudança organizacional, que se aplica diretamente à melhoria da comunicação e da tomada de decisão dentro das organizações. Esse modelo inclui as fases de descongelamento, mudança e recongelamento.

- Descongelamento: essa fase envolve preparar a organização para a mudança, criando uma percepção de necessidade e prontidão para abandonar as práticas atuais. A comunicação eficaz é essencial aqui para garantir que todos os membros da organização compreendam e aceitem a necessidade de mudança.
- Mudança: durante essa fase, a organização implementa as mudanças necessárias. A comunicação contínua e aberta é crucial para orientar e apoiar os membros da organização ao longo do processo de mudança,

garantindo que todos estejam informados e alinhados com os novos procedimentos e objetivos.
- Recongelamento: a última fase envolve estabilizar a organização após a implementação das mudanças, solidificando as novas práticas como a norma. A comunicação é primordial para reforçar os benefícios das mudanças e assegurar que todos os membros da organização mantenham o novo *status quo* (Lewin, 1948).

Lewin também contribuiu significativamente para o estudo da dinâmica de grupo e liderança. Ele argumentava que a liderança eficaz depende de uma comunicação clara e consistente entre o líder e os membros do grupo. A liderança democrática, caracterizada por envolvimento ativo dos participantes do grupo nas decisões, foi vista por Lewin como a mais eficaz para promover um clima de grupo positivo e uma comunicação aberta (Osorio, 2009).

Em resumo, as contribuições de Kurt Lewin para a compreensão da comunicação e tomada de decisão são vastas e profundas. Sua ênfase na importância da comunicação eficaz, o reconhecimento do papel do clima do grupo e seu modelo de três fases para a mudança organizacional continuam a contribuir para aqueles que buscam entender e melhorar esses processos complexos.

## 2.4 Modelo de Sistemas de Grupo de Yvonne Agazarian

O Modelo de Sistemas de Grupo, desenvolvido por Yvonne Agazarian, oferece uma estrutura teórica e prática para a compreensão do funcionamento de grupos a partir de uma perspectiva sistêmica. Ao adotar essa abordagem, Agazarian se concentrou na interdependência dos membros do grupo e na maneira como o grupo como um todo evolui ao longo do tempo, enfatizando tanto os processos visíveis quanto os invisíveis dentro das dinâmicas grupais. Nesta subseção, serão discutidos os principais conceitos desse modelo, seus fundamentos teóricos, as fases de desenvolvimento dos grupos e sua aplicação em diferentes contextos, com base nas principais obras de Agazarian e outros estudiosos da área.

O cerne do Modelo de Sistemas de Grupo de Agazarian baseia-se na ideia de que os grupos funcionam como sistemas vivos, nos quais a interação entre os membros cria uma identidade de grupo distinta. Esse modelo é uma extensão da teoria geral dos sistemas, proposta por Ludwig von Bertalanffy, e aplicada especificamente ao contexto de grupos. A ideia central é que os grupos podem ser compreendidos como sistemas em interação, com um equilíbrio dinâmico entre as partes (Agazarian, 2018a).

A visão sistêmica implica que os grupos são mais do que a soma de seus membros individuais. Agazarian propõe que existe uma entidade maior em jogo – o grupo como um todo –, que possui suas próprias características e comportamentos. A relação entre as partes e o todo é essencial para compreender o funcionamento dos grupos (Agazarian, 2003).

Segundo Agazarian (2018a), a chave para o funcionamento eficaz de um grupo reside na sua capacidade de desenvolver uma comunicação clara e na habilidade de seus membros em autorregular suas interações. O conceito de "sistema centrado" refere-se à ideia de que os grupos funcionam melhor quando operam a partir de uma lógica centrada no sistema, ou seja, quando os membros do grupo se concentram nos processos e nas dinâmicas que afetam o grupo como um todo, em vez de focar apenas em seus próprios interesses individuais.

Um dos conceitos mais importantes no Modelo de Sistemas de Grupo é a distinção entre os aspectos visíveis e invisíveis do grupo. Os processos visíveis referem-se às interações explícitas e à comunicação que ocorre dentro do grupo, enquanto os invisíveis se referem às dinâmicas subjacentes, como normas, valores e expectativas tácitas que moldam o comportamento do grupo (Agazarian, 2018b).

Essa distinção é crucial porque muitas vezes as tensões ou conflitos em grupos surgem dos processos invisíveis, que não são diretamente discutidos, mas afetam profundamente a dinâmica do grupo. Agazarian sugere que os grupos mais eficazes são aqueles que conseguem trazer à tona esses processos invisíveis e abordá-los de maneira construtiva, permitindo uma maior transparência e cooperação (Agazarian; Carter, 1993).

De acordo com Agazarian, o desenvolvimento de um grupo segue fases específicas, que refletem a evolução de sua identidade como um sistema (Agazarian, 2003). As fases de desenvolvimento dos grupos, conforme descritas em sua obra **The Phases of Group Development and the Systems** – Centred Group (2003), incluem:

1. **Formação:** nesta fase inicial, os membros do grupo ainda estão se conhecendo e estabelecendo suas posições dentro do grupo. As interações tendem a ser superficiais, e há uma ênfase em evitar conflitos. O grupo está em processo de organização e formação de suas normas básicas.

2. **Conflito:** à medida que o grupo começa a se consolidar, surgem tensões entre os membros. Isso pode ser resultado de diferenças de opinião, expectativas não atendidas ou a necessidade de redefinir papéis e responsabilidades.

Nessa fase, é crucial que o grupo lide de forma saudável com o conflito, em vez de evitá-lo.

3. **Normatização:** depois que os conflitos iniciais são resolvidos, o grupo começa a desenvolver normas e valores compartilhados que orientam seu comportamento. Aqui, o grupo se torna mais coeso, e os membros começam a confiar uns nos outros.

4. **Desempenho:** finalmente, o grupo entra na fase de desempenho, na qual é capaz de funcionar de maneira eficaz e produtiva. Os membros estão alinhados em torno de seus objetivos e trabalham juntos para alcançá-los.

5. **Dissolução:** em alguns casos, o grupo eventualmente atinge um ponto de conclusão, seja porque seus objetivos foram alcançados ou por outros motivos. Nessa fase, o grupo se dissolve, e os membros seguem caminhos separados.

Cada uma dessas fases é acompanhada por desafios específicos, e o papel do facilitador ou terapeuta é crucial para ajudar o grupo a avançar de uma fase para a outra de maneira saudável e produtiva (Agazarian, 2018a).

Agazarian dá grande ênfase ao papel do facilitador em grupos terapêuticos e organizacionais. De acordo com ela, o facilitador atua como um mediador das dinâmicas do grupo, ajudando os membros a se tornarem conscientes dos processos invisíveis que estão em jogo e facilitando o desenvolvimento de uma comunicação aberta e transparente (Agazarian, 1989).

O facilitador deve ter a habilidade de "ler" o grupo como um sistema, identificando padrões de interação que podem estar prejudicando seu funcionamento. Além disso, ele ou ela deve ser capaz de intervir de maneira eficaz para ajudar o grupo a superar obstáculos e a se mover em direção a um funcionamento mais integrado (Agazarian; Carter, 1993). O foco do facilitador, de acordo com Agazarian, deve ser sempre no grupo como um todo, em vez de se concentrar nas necessidades individuais de cada membro.

O Modelo de Sistemas de Grupo tem uma ampla gama de aplicações, desde a terapia de grupo até o desenvolvimento organizacional. No contexto terapêutico, o modelo é utilizado para ajudar grupos a resolver conflitos, melhorar a comunicação e aumentar a coesão entre os membros. Na prática organizacional, o modelo é utilizado para promover a colaboração entre equipes e aumentar a eficácia no trabalho em grupo (Agazarian, 2018a).

Além disso, o modelo tem sido amplamente aplicado em grupos de larga escala, como aqueles que envolvem várias equipes ou departamentos dentro de uma organização. Nesses contextos, ele ajuda a gerenciar a complexidade das interações em grupos maiores, garantindo que todos os membros estejam alinhados em torno dos mesmos objetivos e que as dinâmicas invisíveis não prejudiquem o funcionamento do grupo (Agazarian; Carter, 1993).

O Modelo de Sistemas de Grupo de Yvonne Agazarian é uma contribuição significativa para o campo da terapia de grupo e para a compreensão das dinâmicas grupais em uma ampla variedade de contextos. Ao enfatizar a importância dos processos visíveis e invisíveis dentro dos grupos, bem como as fases de desenvolvimento pelas quais eles passam, Agazarian oferece uma abordagem prática e teórica robusta para ajudar grupos a funcionarem de maneira mais eficaz. O modelo também destaca o papel crucial do facilitador em guiar o grupo por meio de seus estágios de desenvolvimento, promovendo um ambiente de cooperação e crescimento mútuo.

# REFERÊNCIAS

AGAZARIAN, Y. M. Group-as-a-whole systems theory and practice. **Group**, v. 13, n. 3, p. 131-154, 1989.

AGAZARIAN, Y. M. **Systems-centered therapy for groups**. New York: Routledge, 2018a.

AGAZARIAN, Y. M. The phases of group development and the systems-centred group. *In*: AGAZARIAN, Y. M.; CARTWRIGHT, D. M. (Eds.). **Ring of fire**. New York: Routledge, 2003. p. 46-95.

AGAZARIAN, Y. M. **The visible and invisible group**. New York: Routledge, 2018b.

AGAZARIAN, Y. M.; CARTER, F. B. Discussions on the large group. **Group**, v. 17, n. 4, p. 210-234, 1993.

BAVELAS, A. Communication patterns in task oriented groups. **Journal of the Acoustical Society of America**, v. 22, p. 725-730, 1950.

CARTWRIGHT, D.; ZANDER, A. F. **Dinâmica de grupo**. São Paulo: Herder, 1967.

EGOLF, D. B. **Forming storming norming performing** successful communication in groups and teams. 3. ed. Bloomington: iUniverse, 2013.

LEWIN, K. **Field theory in social science:** selected theoretical papers. Edited by Dorwin Cartwright. New York: Harper & Row, 1951.

LEWIN, K. **Resolving social conflicts:** selected papers on group dynamics. New York: Harper & Brothers, 1948.

MINICUCCI, A. **Dinâmica de grupo:** teorias e sistemas. 5. ed. São Paulo: Atlas, 2001.

OSORIO, L. C. **Grupoterapias:** abordagens atuais. Porto Alegre: Artmed, 2009.

RODRIGUES, M. B.; PRÁ, R.; CARVALHO, L. A. de *et al*. **Processos grupais**. Porto Alegre: Grupo A, 2022.

TUCKMAN, B. W. Developmental sequence in small groups. **Psychological bulletin**, v. 63, n. 6, p. 384, 1965.

# CAPÍTULO 3

## COMPORTAMENTO INTERGRUPAL E IDENTIDADE COLETIVA

### 3.1 Desenvolvimento de Identidade Grupal – Teoria da Identidade Social de Henri Tajfel e John Turner

O desenvolvimento da identidade grupal é um tópico que tem grande importância no âmbito das ciências sociais, sendo especialmente relevante na área de psicologia social. A Teoria da Identidade Social elaborada por Henri Tajfel e John Turner sobressai-se como uma das principais metodologias teóricas para entender a maneira pela qual os indivíduos se unem com grupos sociais e do modo pelo qual essa associação impacta em suas condutas. Essa conceituação oferece um modelo amplo para compreender como as pessoas enxergam si mesmas frente aos coletivos dos quais fazem parte, bem como a influência dessa conexão grupal nas percepções pessoais acerca dos seus pensamentos internos, sentimentos manifestados exteriormente e todo o repertório comportamental demonstrado (Torres; Camino, 2011).

De acordo Tajfel (1996), deve-se compreender a identidade social como parte integrante do autoconceito de um indivíduo. Em outras palavras, é um fator que deriva diretamente da pertença desse sujeito a determinados grupos sociais, os quais contribuem para construir sua visão sobre si próprio e sobre as demais pessoas à sua volta. Dessa forma, torna-se explícita uma importante característica acerca das interações humanas:

o homem não se vê apenas sob seu aspecto singular; ao contrário disso, percebe também suas relações enquanto membro dentro de diferentes coletividades às quais está inserido. Nesse mesmo enquadramento surge em destaque a relevância atribuída à identidade grupal no funcionamento psicológico dos indivíduos. É por meio dela que são estabelecidos parâmetros para visualização tanto das autopercepções quanto aquelas vinculadas às percepções alheias – fundamentando assim diversos comportamentos interpessoais.

A Teoria da Identidade Social, que é uma teoria psicológica sobre as relações interpessoais e a autoestima dos indivíduos, tem como premissa básica o pressuposto de que os seres humanos possuem fortes tendências para classificar seu mundo em termos do grupo "nós" (ou *ingroup*) *versus* o grupo "eles" (também referido como *outgroup*). De acordo com Tajfel e Turner (2004), dois proeminentes pesquisadores dessa abordagem, quando alguém se identifica com um determinado *ingroup* ou conjunto de grupos sociais, faz isso buscando elevar sua autoconfiança e valor próprio por meio de uma construção positiva da identidade social. Para tanto, eles propõem um processo cíclico em forma de presente contínua comparação entre essas categorias.

O conceito central subjacente à Teoria da Identidade Social gira em torno dos intrincados mecanismos de categorização e identificação social. A primeira ocorre durante casos em que os indivíduos classificam a si mesmos ou a outras pessoas em vários grupos com base em características facilmente observáveis, como etnia, sexo, faixa etária, inclinação religiosa etc. Essa classificação acontece naturalmente e é uma prática humana inevitável que contribui na determinação de como as identidades de grupo misturadas com as autoidentidades individuais se manifestam (Tajfel 1979).

O conceito de identificação aparece à medida que uma pessoa se associa com um grupo específico. Se a conexão for mais forte, haverá maior influência da identidade social na autoimagem e nas atitudes do indivíduo. Diversos fatores podem afetar essa ligação, tais como o grau de união no grupo, a importância atribuída à pertença grupal e as relações sociais entre os membros (Tajfel; Turner, 2004).

A Teoria da Identidade Social postula que a identificação de grupo tem várias consequências tanto para o indivíduo quanto para o coletivo mais amplo. Entre esses efeitos, um resultado particularmente significativo é a tendência dos indivíduos para favorecer o seu próprio grupo em detrimento de membros de outros, um fenômeno conhecido como favoritismo intragrupo. Dado que esse preconceito pode resultar em discriminação ou preconceito em relação a pessoas de fora, tem implicações substanciais no modo como as sociedades funcionam (Tajfel; Turner, 2004). Além disso, a identidade social influencia uma série de comportamentos, incluindo a adesão às normas do grupo, a cooperação com outros membros do grupo e a possível vontade de sacrificar interesses pessoais em nome de outros dentro da mesma comunidade – também referido como altruísmo comunitário. A consideração de todos os aspectos em conjunto fornece *insights* essenciais para uma melhor compreensão da dinâmica da estrutura da sociedade humana em níveis de grande escala, facilmente comparável com as abordagens tradicionais seguidas pelos pesquisadores, porque eles podem observar diretamente como as pessoas se comportam quando contadas entre várias classificações, como etnia, classe e, mais importante, identidades intrinsecamente formadas que se moldam por meio do compartilhamento de objetivos comuns etc., criando percepções como a de pertencimento (Tajfel; Turner, 2004).

A percepção da identidade coletiva é dinâmica e pode ser influenciada por diversas experiências e contextos sociais ao longo do tempo. O desenvolvimento desse vínculo, resultante das relações interpessoais que definem o indivíduo em relação à sua comunidade, é crucial e pode ser fortalecido ou enfraquecido por diversos elementos, como formas de socialização, exposições culturais, mudanças significativas na vida cotidiana, entre outros. Na infância, a influência familiar é central na formação dos laços relacionados aos grupos, mas outros fatores, como a escola e as interações com amigos próximos, também são importantes. Na fase adulta, questões como a promoção profissional, a educação continuada e o envolvimento em associações locais sem fins lucrativos desempenham um papel significativo na construção do sentido de pertencimento a um grupo específico (Tajfel, 2010).

### 3.1.1 Aplicações Práticas da Teoria da Identidade Social

Entender e compreender a Teoria da Identidade Social pode resultar em significativas consequências práticas dentro de uma ampla variedade de contextos sociais. Em termos organizacionais, por exemplo, ter ciência da identidade coletiva dos funcionários e reconhecer o seu valor intrínseco como grupo pode gerar altíssimo nível de engajamento profissional nos trabalhos realizados. Ademais, tal atitude também concorre para um ambiente mais harmônico entre as pessoas que compartilham do mesmo espaço laboral, não somente pela unidade proporcionada pelo sentimento grupal efetivado naqueles indivíduos participantes, mas igualmente pelos ganhos evidentes no desdobramento das atividades executadas. Em uma perspectiva intergrupal, essa abordagem é crucial para incentivar processos que alavancam os elos subordinativos às instâncias superiores, reduzindo conflitos frequentes e estimulando a cooperação mútua entre grupamentos diversos possuidores de particularidades próprias.

Na educação, a Teoria da Identidade Social pode ser utilizada para promover inclusão e combater o *bullying*. Ao compreender as dinâmicas de grupo e a importância das identidades sociais, educadores podem desenvolver estratégias para fortalecer a coesão grupal positiva e minimizar as divisões entre alunos de diferentes origens. Programas que incentivam a colaboração entre grupos diversos podem ajudar a criar um ambiente escolar mais inclusivo e respeitoso.

Em contextos de políticas públicas e programas comunitários, a aplicação da Teoria da Identidade Social pode facilitar a criação de iniciativas que promovam a coesão social e reduzam a discriminação. Políticas que reconhecem e valorizam a diversidade dos grupos sociais podem contribuir para uma sociedade mais equitativa. Programas de sensibilização e formação sobre diversidade e inclusão, baseados nos princípios da Teoria da Identidade Social, possibilitam ajudar a reduzir preconceitos e promover um senso de pertencimento mais amplo.

A Teoria da Identidade Social proposta por Tajfel e Turner se apresenta como um modelo analítico profundo e extenso do reconhecimento identitário em grupo, assim como dos procedimentos que influenciam o comportamento interpessoal entre esses mesmos grupos. O estudo dessas bases fundamentais possibilita a concepção de estratégias mais precisas para fomentar uma coerência social forte, diminuir os conflitos intergrupais e alavancar uma sociedade com justiça igualitária proporcionando inclusão a todos.

## 3.2 Análise Transacional de Eric Berne

A Análise Transacional foi concebida pelo renomado psiquiatra Eric Berne e representa uma teoria ampla, com aplicações concretas que proporcionam um entendimento profundo sobre as interações humanas, os processos mentais e o crescimento pessoal. Tal abordagem terapêutica emergiu na década de 1950, tendo permanecido relevante até os dias atuais visto sua influência nos campos da psicologia, da psicoterapia, bem como no ramo das atividades voltadas ao treinamento interpessoal (Aguilar, 1999).

No cerne da Análise Transacional está uma compreensão profunda do que é conhecido como "estados do ego", que são essencialmente diferentes partes da personalidade de um indivíduo que têm um impacto significativo em nossos pensamentos, sentimentos e comportamentos. Eric Berne identificou três estados primários de ego: o Estado do Ego Parental – reflexo das influências parentais e do autoritarismo. O estado do Ego Adulto que incorpora processos de pensamento racional; enquanto resta apenas afirmar que o estado do Ego Infantil representa todos os desejos, os impulsos e as emoções infantis que abrigamos dentro de nós (Minicucci, 2001).

Os diferentes estados do ego nos quais podemos estar presentes desempenham um papel significativo em nossa vida diária, e é crucial entender como essas interações ocorrem para facilitar a comunicação saudável e relacionamentos satisfatórios. Está claro que, quando nos encontramos no estado de ego Pai, manifestamos uma tendência à atitude autoritária ou crítica ao lidarmos com os outros. No entanto, o nosso aspecto Criança pode nos levar a respostas emocionais impulsivas.

Em contrapartida, se conseguirmos encontrar o equilíbrio entre esses dois extremos dentro de nós mesmos por meio da identificação do ser adulto que somente visa tomar decisões ponderadas assentes em fatos objetivos baseados em uma informação sólida: fatores importantes na formação das relações interpessoais positivas nos mais variados contextos sociais necessários às nossas vidas (Berne, 1958), teremos a capacidade de construir interações mais eficazes e empáticas. Esse estado de maturidade emocional nos permite responder de forma mais adaptativa e consciente às demandas do meio, promovendo um ambiente de comunicação saudável, cooperação e compreensão mútua. Essa postura fortalece os vínculos e facilita a resolução de conflitos de maneira assertiva, beneficiando tanto o indivíduo quanto os grupos aos quais ele pertence.

A teoria dos "jogos psicológicos", proposta por Berne, é considerada uma das contribuições mais significativas da sua obra. Essa teoria consiste em identificar padrões disfuncionais de interação entre as pessoas por meio de transações comunicativas que se repetem com frequência e resultam em emoções negativas ou conflitos interpessoais. Esses jogos são caracterizados pela previsibilidade do roteiro envolvido nas trocas comunicacionais realizadas durante o processo (Berne, 1985). Por exemplo, há um jogo chamado "adivinhe o que estou pensando", nele, uma pessoa faz uso de afirmações ambíguas enquanto outra tenta decifrar a mensagem real subjacente às informações anunciadas anteriormente, isso cria um ciclo completo no qual ocorrem mal-entendidos recorrentes e frustrações mútuas como resultado desse complexo sistema psicológico presente nas relações humanas cotidianamente vivenciadas.

A Análise Transacional, além de fornecer uma visão sistematizada sobre o funcionamento humano, também se propõe a oferecer um modelo estrutural para compreender como ocorre o desenvolvimento da personalidade ao longo do ciclo vital. Segundo Berne (1958), importante teórico que fundamentou essa abordagem, as nossas primeiras experiências na infância exercem grau significativo no molde dos padrões psicológicos e comportamentais adotados por nós durante toda nossa trajetória existencial. Essa predisposição pessoal pode ser reeditada em nossas vivências adultas, levando-nos muitas vezes a repetições cíclicas das mesmas emoções negativas ou conflitos interpessoais. Contudo, por meio de um processo profundo de conscientização individual e análises criteriosamente efetuadas nos *scripts* (estratégias moldadas pela escolha explícita ou implícita) originários desses momentos traumáticos ou desafiadores pelos quais passamos na vida, é possível gerar mudanças positivas substanciais em nosso caráter e com isso atingir todo potencial latente que possuímos enquanto seres humanos únicos (Aguilar, 1999).

Ao se aplicar a Análise Transacional na psicologia de grupos, há diversos conceitos e técnicas que possuem uma importância especial. A compreensão dos diferentes estados do ego presentes em cada indivíduo no grupo, bem como das transações realizadas entre eles, é fundamental para analisar as dinâmicas grupais e as interações existentes entre seus membros. A partir dessa abordagem, um líder pode observar como as transações "Pai para Criança" podem estar reforçando comportamentos hierárquicos não saudáveis dentro do grupo enquanto relações estabelecidas por meio da utilização das trocas "Adulto para Adulto" são capazes de promover uma comunicação muito mais colaborativa, além de eficiente (Berne, 1958).

De maneira semelhante, é importante salientar que a capacidade de reconhecer jogos psicológicos pode ser uma questão crítica na interrupção de tendências dissociativas dentro do grupo em análise. Esse discernimento permite aos indivíduos envolvidos identificarem estratégias inconscientes e táticas manipulatórias comuns no convívio grupal. Ao apresentá-los ao coletivo consciente, os participantes podem explorá-los mais profundamente – questionando suas motivações subjacentes e escolhendo se engajar em uma dinâmica relacional ainda mais construtiva e genuína para todos os membros presentes naquele momento específico da experiência compartilhada pelo grupo como um todo (Aguilar, 1999).

De acordo com Minicucci (2001), Eric Berne, classificou o trabalho em grupo em sua obra **Estrutura e Dinâmica das Organizações**. O autor define a atividade como o engajamento dos membros em alcançar objetivos do grupo, que são as ações direcionadas aos mesmos. Berne também discute o processo do grupo, que é dividido em duas categorias principais:

a. Processo interno: interações, atividades e transações dentro do grupo. Inclui dinâmicas sociais/emocionais entre membros.
b. Conflitos internos: tensão entre indivíduos e coesão do grupo liderada por Berne.

No contexto terapêutico, a Análise Transacional é reconhecida por oferecer uma vasta gama de técnicas e intervenções que visam auxiliar os clientes no processo de exploração e transformação dos padrões disfuncionais. Com o intuito promover um desenvolvimento mais saudável das relações interpessoais, bem como da autocompreensão individual, as práticas variam desde a clareza na comunicação transacional até mesmo à revisão cuidadosa do roteiro construído durante toda a vida. A finalidade maior dessa vertente psicoterápica reside em fomentar sentimentos genuínos de autonomia emocional aliados ao aumento significativo da autoestima e da felicidade interna bruta entre seus pacientes (Berne, 1985).

Coloquialmente, a Análise Transacional desenvolvida por Eric Berne é uma metodologia completa e abrangente que oferece uma compreensão poderosa sobre a psique humana e as relações interpessoais. Investigando vários estados do ego, conduzindo uma análise aprofundada dos jogos psicológicos que jogamos conosco mesmos ou com outras pessoas ao nosso redor e examinando roteiros de vida; pode-se tornar mais consciente de seus padrões de comportamento para criar mudanças desejáveis para si mesmo. Em suma, essa abordagem holística enriquece enormemente a nossa compreensão sobre vários aspectos relativos à mentalidade da humanidade, o que subsequentemente estabelece as bases para forjar transformações positivas nas vidas individuais.

### 3.2.1 Aplicações Práticas da Análise Transacional

No contexto organizacional, a Análise Transacional é amplamente utilizada para melhorar a comunicação, resolver conflitos e aumentar a eficiência. A aplicação dos conceitos de estados do ego pode ajudar líderes e equipes a reconhecerem e ajustar suas interações para promover um ambiente de trabalho mais colaborativo. Identificar transações "Adulto para Adulto" e incentivar essas trocas pode reduzir mal-entendidos e melhorar a tomada de decisões.

Na terapia individual, a Análise Transacional ajuda os clientes a entenderem seus padrões de comportamento e a origem desses padrões. Isso é alcançado pela exploração dos estados do ego e dos jogos psicológicos. Na terapia de grupo, a Análise Transacional facilita a compreensão das dinâmicas grupais e promove a coesão do grupo ao identificar e trabalhar as transações disfuncionais e os jogos psicológicos que podem estar presentes.

A Análise Transacional também encontra aplicações na educação, visando melhorar a interação entre professores e alunos. Compreender os estados do ego e as transações pode ajudar os educadores a criarem um ambiente de aprendizado mais positivo e eficaz. Além disso, ao reconhecerem e evitarem jogos psicológicos, os professores podem promover uma comunicação mais clara e reduzir conflitos em sala de aula.

Indivíduos podem aplicar os princípios da Análise Transacional para melhorar seu autoconhecimento e desenvolvimento pessoal. Ao identificar seus estados do ego e entender seus jogos psicológicos, as pessoas podem fazer escolhas mais conscientes e mudar padrões de comportamento que não lhes servem mais. Isso pode levar a um aumento da autoestima, a melhores relações interpessoais e a uma maior sensação de bem-estar.

A Análise Transacional de Eric Berne é uma ferramenta poderosa e versátil que pode ser aplicada em diversos contextos para melhorar a compreensão e a qualidade das interações humanas. Seu foco nos estados do ego, nos jogos psicológicos e nos roteiros de vida oferece um *framework* abrangente para a autoexploração e o crescimento pessoal. Por meio de suas aplicações práticas, a AT continua a influenciar positivamente tanto o campo da psicoterapia quanto o desenvolvimento organizacional e educacional.

## 3.3 Teoria dos Conflitos de Grupo de Morton Deutsch

A Teoria dos Conflitos de Grupo, desenvolvida por Morton Deutsch, é um marco na psicologia social e nas ciências comportamentais. Ela aborda as dinâmicas e os processos que ocorrem em situações de conflito entre grupos, destacando a importância da cooperação, da comunicação e da resolução pacífica de disputas. Deutsch, um dos pioneiros na pesquisa sobre resolução de conflitos, contribuiu significativamente para o entendimento de como os conflitos podem ser geridos de forma eficaz e construtiva.

Morton Deutsch, nascido em 1920, foi um psicólogo social cujo trabalho influenciou profundamente o campo da resolução de conflitos (Deutsch, 2004). Formado pela Universidade de Nova York, Deutsch trabalhou com Kurt Lewin, um dos fundadores da psicologia social moderna. Foi sob a influência de Lewin que Deutsch começou a explorar as dinâmicas dos conflitos intergrupais. A teoria de Deutsch emergiu em um contexto histórico de grandes tensões sociais e políticas, incluindo a Guerra Fria e os movimentos pelos direitos civis nos Estados Unidos (Deutsch, 2004). Essas condições moldaram sua visão sobre a importância de entender e resolver conflitos de maneira pacífica e colaborativa. Segundo Deutsch (1973), os conflitos são inevitáveis na interação humana, mas a forma como são geridos pode determinar se os resultados serão construtivos ou destrutivos.

A Teoria dos Conflitos de Grupo de Deutsch é baseada em alguns princípios-chave: Cooperação *vs.* Competição. Deutsch (1949) argumenta que a cooperação e a competição são dois processos fundamentais que moldam as relações intergrupais. A cooperação tende a promover atitudes positivas, confiança mútua e soluções que beneficiam todas as partes envolvidas. Em contraste, a competição frequentemente leva a desconfiança, atitudes defensivas e resultados que podem ser prejudiciais para ambas as partes. A natureza da interação social – se é cooperativa ou competitiva – influencia fortemente a qualidade do relacionamento entre os indivíduos (Deutsch, 1949). Um aspecto crucial da teoria é a percepção dos objetivos. Deutsch (1973) sugere que os conflitos são mais prováveis de ocorrer quando os grupos percebem que seus objetivos são incompatíveis. No entanto, quando os grupos acreditam que podem alcançar seus objetivos trabalhando juntos, a probabilidade de conflito diminui. A percepção de objetivos incompatíveis é um fator central na escalada de conflitos intergrupais. A comunicação é outro elemento central na teoria de Deutsch. Quando ela é aberta e honesta pode facilitar a compreensão mútua e a resolução de conflitos. No entanto, quando é deficiente, pode exacerbar mal-entendidos e tensões. Deutsch (1973) enfatiza que a qualidade da comunicação entre as partes em conflito pode determinar se o conflito será resolvido de maneira construtiva ou se escalará. Deutsch também explorou a relação entre poder e justiça nos conflitos. Ele argumenta que o uso do poder deve ser equilibrado e justo para que os conflitos sejam resolvidos de maneira equitativa. O poder desigual pode levar à injustiça e perpetuar os conflitos, enquanto o poder equitativo pode promover a justiça e a resolução pacífica (Deutsch, 1985).

A Teoria dos Conflitos de Grupo de Morton Deutsch tem amplas aplicações em diversos campos, incluindo educação, negócios, política e relações internacionais. Em ambientes educacionais, por exemplo, a teoria pode ser usada para promover a cooperação entre estudantes de diferentes origens culturais e sociais. Em contextos empresariais, ela ajuda a entender como os conflitos podem ser geridos de maneira a promover a produtividade e o bem-estar dos funcionários. Em ambientes educacionais, a aplicação da teoria de Deutsch pode ajudar a criar um ambiente de aprendizagem colaborativa. De acordo com Johnson e Johnson (1989), a cooperação entre estudantes promove maior engajamento, compreensão mais profunda e atitudes mais positivas em relação à aprendizagem. Isso é especialmente relevante em contextos multiculturais, em que a promoção da cooperação pode reduzir preconceitos e tensões intergrupais. No mundo dos negócios, a gestão eficaz dos conflitos é essencial para manter um ambiente de trabalho produtivo e harmonioso. Deutsch (2011) sugere que a implementação de estratégias cooperativas pode aumentar a satisfação dos funcionários e melhorar o desempenho organizacional. Empresas que promovem uma cultura de cooperação tendem a ter menor rotatividade de funcionários e maior lealdade. A teoria de Deutsch também é relevante para a política e as relações internacionais. Em negociações diplomáticas, a compreensão das dinâmicas de cooperação e competição pode ajudar a alcançar acordos mais duradouros e benéficos para todas as partes envolvidas. Negociações baseadas em interesses comuns e comunicação aberta tendem a ser mais bem-sucedidas (Deutsch, 1973).

A teoria dos conflitos de grupo de Morton Deutsch se concentra na dinâmica entre cooperação e competição dentro e entre grupos. Deutsch propôs que os conflitos podem ser tanto destrutivos quanto construtivos, dependendo da forma como são geridos. Ele destacou que a natureza dos conflitos está profundamente enraizada na interdependência entre os objetivos dos indivíduos e os grupos envolvidos. Segundo Deutsch (1949), o conflito surge quando duas ou mais partes percebem que seus objetivos são incompatíveis. A percepção de incompatibilidade é fundamental, pois ela pode levar à adoção de comportamentos competitivos ou cooperativos, influenciando assim o desenrolar do conflito.

Deutsch enfatizou a importância da interdependência positiva (cooperação) e da negativa (competição) no desenvolvimento dos conflitos. Na interdependência positiva, os indivíduos percebem que seus objetivos estão alinhados e que o sucesso de um contribui para o sucesso do outro. Em contraste, na interdependência negativa, os indivíduos veem seus objetivos como mutuamente exclusivos, levando a comportamentos competitivos. Em situações de interdependência positiva, as partes tendem a adotar estratégias cooperativas que promovem a resolução construtiva do conflito (Deutsch, 1973). Isso implica que a promoção de um ambiente cooperativo pode ser crucial para a gestão eficaz de conflitos.

Deutsch classificou os conflitos em destrutivos e construtivos. Conflitos destrutivos são caracterizados por uma escalada de hostilidades e pela deterioração das relações, enquanto conflitos construtivos podem levar ao crescimento pessoal e ao fortalecimento das relações. Segundo Deutsch (1973), um conflito construtivo é aquele em que as partes envolvidas chegam a uma compreensão mútua e a um acordo que atende às necessidades de ambas. Esse tipo de conflito pode resultar em soluções inovadoras e em uma maior coesão grupal. Diversos fatores influenciam a forma como os conflitos são resolvidos. Deutsch identificou a comunicação, a confiança, a percepção de justiça e a estrutura de poder como elementos cruciais na resolução de conflitos. A comunicação clara e aberta é essencial para a resolução de conflitos, pois permite que as partes expressem suas necessidades e compreendam as perspectivas umas das outras (Deutsch, 1973). A confiança entre as partes também é fundamental, pois facilita a colaboração e a busca de soluções mútuas. Além disso, a percepção de justiça, tanto distributiva quanto procedimental, é fundamental para a aceitação das soluções de conflito. Quando as partes percebem que o processo de resolução é justo, elas são mais propensas a aceitar os resultados e a comprometer-se com a implementação das soluções (Deutsch, 1985).

A teoria dos conflitos de grupo de Morton Deutsch oferece uma compreensão profunda e abrangente dos mecanismos subjacentes aos conflitos e das formas de resolvê-los de maneira construtiva. Com ênfase na cooperação, na comunicação e na justiça, a teoria fornece uma base sólida para a promoção de relações mais harmoniosas e produtivas em diversos contextos. A influência duradoura de Deutsch na psicologia social continua a ser evidente, e sua teoria permanece relevante na busca por soluções pacíficas e eficazes para os conflitos humanos.

### 3.3.1 Aplicações Práticas da Teoria dos Conflitos de Grupo de Morton Deutsch

A teoria dos conflitos de grupo de Morton Deutsch tem uma gama de aplicações práticas em várias áreas, como educação, negócios, política e relações internacionais, que são vitais para a compreensão e resolução de conflitos. Vamos explorar algumas dessas aplicações em detalhes.

No campo da educação, a Teoria dos Conflitos de Grupo de Deutsch pode ser utilizada para promover um ambiente de aprendizado colaborativo e inclusivo. Em escolas e universidades, a cooperação entre estudantes de diferentes origens culturais e sociais pode ser incentivada para reduzir preconceitos e tensões intergrupais. Professores podem aplicar princípios de cooperação em projetos de grupo e atividades em sala de aula, o que pode levar a um maior engajamento dos alunos, a uma compreensão mais profunda dos conteúdos e a atitudes mais positivas em relação à aprendizagem. Estudos mostram que a cooperação entre estudantes promove maior engajamento, melhor desempenho acadêmico e desenvolvimento de habilidades sociais (Johnson; Johnson, 1989).

No mundo corporativo, a teoria de Deutsch é essencial para a gestão eficaz dos conflitos no ambiente de trabalho. A implementação de estratégias cooperativas pode aumentar a satisfação dos funcionários e melhorar o desempenho organizacional. Empresas que promovem uma cultura de cooperação tendem a ter menor rotatividade de funcionários, maior lealdade e um ambiente de trabalho mais harmonioso. Programas de treinamento em resolução de conflitos baseados na teoria de Deutsch podem ajudar a equipe a desenvolver habilidades de comunicação e cooperação, essenciais para a produtividade e o bem-estar no local de trabalho. A gestão eficaz dos conflitos pode resultar em maior inovação, tomada de decisão mais eficiente e fortalecimento das relações interpessoais dentro da organização (Deutsch, 2001).

Na esfera política e nas relações internacionais, a compreensão das dinâmicas de cooperação e competição é crucial para negociações bem-sucedidas. Governos e organizações internacionais podem aplicar a teoria de Deutsch para promover negociações baseadas em interesses comuns e comunicação aberta, o que tende a resultar em acordos mais duradouros e benéficos para todas as partes envolvidas. Em contextos de mediação de conflitos, a aplicação dos princípios de Deutsch pode ajudar a facilitar a resolução pacífica de disputas e promover a justiça e a equidade. A abordagem cooperativa pode ser especialmente útil em processos de paz e reconciliação, pois a construção de confiança e a compreensão mútua são essenciais para a estabilidade a longo prazo (Deutsch, 1973).

Em comunidades locais, a teoria de Deutsch pode ser aplicada para resolver conflitos comunitários e promover a coesão social. Por meio da mediação e da facilitação de diálogos comunitários, os princípios de cooperação e comunicação eficaz podem ser utilizados para abordar questões como discriminação, violência e desigualdade. A promoção de um ambiente cooperativo dentro das comunidades pode levar a um maior senso de pertencimento e colaboração entre os membros, fortalecendo o tecido social e promovendo a harmonia (Deutsch, 1985).

Já no campo da saúde, é possível aplicar a teoria dos conflitos de grupo de Deutsch para melhorar a comunicação e a cooperação entre profissionais de saúde e pacientes. A promoção de uma comunicação clara e aberta pode melhorar a compreensão das necessidades dos pacientes e levar a melhores resultados de saúde. Em equipes de saúde multidisciplinares, a aplicação dos princípios de cooperação pode facilitar a colaboração eficaz e a tomada de decisões compartilhadas, melhorando a qualidade dos cuidados prestados (Deutsch, 2001).

Em suma, a Teoria dos Conflitos de Grupo de Morton Deutsch oferece uma estrutura valiosa para a compreensão e resolução de conflitos em diversos contextos. Suas aplicações práticas demonstram a relevância e o impacto duradouro de sua teoria na promoção de relações mais harmoniosas e produtivas, contribuindo para a construção de uma sociedade mais justa e cooperativa.

## REFERÊNCIAS

AGUILAR, L. **Análise transacional:** guia prático para o autoconhecimento. Lisboa: Fim de Século, 1999.

BERNE, E. **Análise transacional em psicoterapia**. São Paulo: Summus, 1985.

BERNE, E. Transactional analysis: a new and effective method of group therapy. **American Journal of Psychotherapy**, v. 12, n. 4, p. 735-743, 1958.

DEUTSCH, E. C. (Eds.). **Conflict, interdependence, and justice:** the intellectual legacy of Morton Deutsch. New York: Springer, 2011. p. 23-40.

DEUTSCH, M. **A resolução do conflito**. Estudos em arbitragem, mediação e negociação. Brasília: Grupo de Pesquisas, 2004.

DEUTSCH, M. A theory of co-operation and competition. **Human relations**, v. 2, n. 2, p. 129-152, 1949.

DEUTSCH, M. Cooperation and competition. *In*: BUSH, M.; COLEMAN, P. T.;

DEUTSCH, M. Cooperation and conflict resolution: Implications for consulting psychology. **Consulting Psychology Journal:** Practice and Research, v. 53, n. 2, p. 76, 2001.

DEUTSCH, M. **Distributive justice:** a social-psychological perspective. New Haven: Yale University Press, 1985.

DEUTSCH, M. The resolution of conflict: constructive and destructive processes. **American Behavioral Scientist**, v. 17, n. 2, p. 248-248, 1973.

JOHNSON, D. W.; JOHNSON, R. T. **Cooperation and competition:** theory and research. Edina: Interaction Book Company, 1989.

MINICUCCI, A. **Dinâmica de grupo:** teorias e sistemas. 5. ed. São Paulo: Atlas, 2001.

TAJFEL, H. (Ed.). **Social identity and intergroup relations**. Cambridge: Cambridge University Press, 2010.

TAJFEL, H. *et al*. An integrative theory of intergroup conflict. **Organizational Identity:** A Reader, v. 56, n. 65, p. 9780203505984-16, 1979.

TAJFEL, H. **Social groups and identities:** developing the legacy of Henri Tajfel. Hove: Psychology Press, 1996.

TAJFEL, H.; TURNER, J. C. The social identity theory of intergroup behavior. *In*: JOST, J. T.; SIDANIUS, J. (Eds.). **Political psychology**. New York: Psychology Press, 2004. p. 276-293.

TORRES, A. R. R.; CAMINO, L. Grupo social, relações intergrupais e identidade social. *In*: CAMPOS, P. H. C.; TORRES, C. A. (Orgs.). **Psicologia social:** temas e teorias. Petrópolis: Vozes, 2011. p. 215-239.

# CAPÍTULO 4
## LIDERANÇA E PODER EM CONTEXTO GRUPAL

### 4.1 Teoria das Lideranças de Kurt Lewin

Kurt Lewin, psicólogo e teórico social, é amplamente reconhecido por suas contribuições no campo da psicologia social e das teorias de liderança. Nascido em 1890 na Prússia, Lewin imigrou para os Estados Unidos em 1933, onde desenvolveu grande parte de seu trabalho influente. Ele é frequentemente lembrado por suas teorias sobre comportamento grupal e dinâmica de grupo, particularmente a Teoria das Lideranças, que permanece relevante até os dias de hoje (Monteiro, 2024). Lewin propôs três estilos principais de liderança: autoritária (autocrática), democrática e *laissez-faire*. Cada um desses estilos tem características distintas que influenciam significativamente o comportamento e a *performance* dos grupos liderados (Rodrigues; Prá; Carvalho *et al.*, 2022).

A liderança autoritária, também conhecida como autocrática, é caracterizada por um líder que toma decisões unilateralmente, sem consultar os membros do grupo. Esse tipo de liderança é marcado por um controle rígido sobre todas as decisões e atividades do grupo. Os líderes autocráticos assumem total responsabilidade pelas decisões e direcionam o grupo sem solicitar opiniões ou *feedback* dos subordinados (Lewin; Lippitt; White, 1939).

A liderança autoritária, também conhecida como autocrática, é caracterizada por um alto nível de controle por parte do líder. Nesse estilo, o líder toma decisões de forma independente, com pouca ou nenhuma participação dos membros do grupo. As ordens são emitidas e esperadas para serem seguidas sem questionamento. Lewin descobriu que a liderança autoritária pode ser eficaz em situações nas quais decisões rápidas são necessárias ou em contextos em que a disciplina é essencial. No entanto, esse estilo pode levar a um ambiente de trabalho tenso e insatisfação entre os membros do grupo. Como Lewin afirmou, o líder autoritário tende a ser mais controlador e diretivo, muitas vezes resultando em uma falta de iniciativa e criatividade entre os liderados (Lewin; Gold, 1999).

Os líderes autoritários podem ser eficazes em situações que exigem decisões rápidas e precisas. Contudo, esse estilo de liderança pode levar a um ambiente de trabalho tenso, onde os membros do grupo se sentem desmotivados ou subestimados. Estudos mostraram que, sob liderança autoritária, a produtividade pode ser alta, mas a criatividade e a satisfação no trabalho tendem a ser baixas (Bass; Bass, 2009).

A liderança democrática envolve a participação ativa dos membros do grupo na tomada de decisões. Os líderes democráticos encorajam a discussão e a troca de ideias, permitindo que todos os membros tenham voz ativa nas decisões que afetam o grupo. Os líderes democráticos facilitam a participação dos membros do grupo, promovendo um ambiente onde as opiniões e ideias são valorizadas (Lewin; Lippit; White, 1939).

A liderança democrática, no entanto, é caracterizada pela participação ativa dos membros do grupo no processo de tomada de decisão. O líder democrático encoraja a discussão e a colaboração, valorizando as opiniões e as contribuições de todos os membros do grupo. Esse estilo de liderança é frequentemente associado a um ambiente de trabalho mais positivo e produtivo. De acordo com Lewin e Gold (1999), a liderança democrática promove um maior grau de envolvimento e compromisso dos membros do grupo, o que pode levar a um aumento da motivação e da satisfação no trabalho. A liderança democrática é eficaz em situações em que a criatividade e a inovação são necessárias, pois permite que os membros do grupo explorem novas ideias e soluções.

Esse estilo de liderança pode levar a uma maior satisfação e motivação entre os membros do grupo, pois eles se sentem valorizados e ouvidos. Além disso, a liderança democrática tende a promover a criatividade e a inovação, já que todos os membros contribuem com suas ideias. No entanto, a tomada de decisões pode ser mais lenta devido à necessidade de consenso e discussão ampla (Northouse, 2020).

A liderança *laissez-faire* é caracterizada por uma abordagem *hands-off*, na qual o líder proporciona pouca ou nenhuma orientação aos membros do grupo. Os líderes *laissez-faire* permitem total liberdade para que os membros do grupo tomem decisões e resolvam problemas por conta própria (Lewin; Lippitt; White, 1939).

O estilo de liderança *laissez-faire* é caracterizado por um mínimo de interferência do líder. Nesse estilo, o líder fornece pouca orientação e deixa que os membros tomem suas próprias decisões. Embora possa ser eficaz em grupos compostos por indivíduos altamente qualificados e autossuficientes, ele pode levar à falta de direção e à baixa produtividade em grupos que necessitam de orientação. Lewin e Gold (1999) observaram é possível que a liderança *laissez-faire* resulte em uma falta de coesão e objetivos claros, muitas vezes levando a um desempenho inferior do grupo. Esse estilo pode ser adequado em ambientes nos quais a autonomia é valorizada e os membros do grupo são capazes de se autogerenciar eficazmente.

Outra característica é que esse estilo pode ser eficaz em grupos de alta competência e autodisciplina, em que os membros são especialistas em seus campos e necessitam de pouca supervisão. No entanto, pode resultar em falta de direção e baixa produtividade se os membros do grupo não tiverem a autodisciplina necessária para trabalhar de maneira independente (Rodrigues; Prá; Carvalho *et al.*, 2022).

### 4.1.1 Aplicação da Teoria das Lideranças de Kurt Lewin

As teorias de liderança de Kurt Lewin são amplamente aplicáveis em várias áreas da vida organizacional e acadêmica. Abaixo são apresentadas algumas aplicações práticas de cada estilo de liderança.

Em contextos militares ou de emergência, onde decisões rápidas e firmes são necessárias, a liderança autocrática pode ser extremamente eficaz. Por exemplo, em situações de crise como incêndios, desastres naturais ou operações militares, um líder autocrático pode coordenar rapidamente as ações do grupo para garantir a segurança e a eficiência. Além disso, em fábricas ou linhas de produção onde a padronização e a disciplina são essenciais, esse estilo de liderança pode ajudar a manter a ordem e a consistência.

No ambiente acadêmico, a liderança democrática pode ser particularmente útil em projetos de pesquisa colaborativa. Professores universitários e pesquisadores podem beneficiar-se desse estilo ao encorajar a participação de todos os membros da equipe, promovendo um ambiente de inovação e troca de ideias. Em empresas de tecnologia e *startups*, onde a criatividade e a inovação são chave, a liderança democrática pode fomentar um ambiente de trabalho onde os funcionários se sentem valorizados e motivados a contribuir com suas ideias únicas. Em escolas e instituições educacionais, líderes democráticos podem promover uma cultura de aprendizagem inclusiva, incentivando alunos e professores a participarem ativamente na tomada de decisões sobre o currículo e as atividades escolares.

Em empresas de alta tecnologia ou ambientes de pesquisa científica, onde os indivíduos são altamente qualificados e autossuficientes, a liderança *laissez-faire* pode permitir que os membros da equipe tenham a liberdade de explorar novas ideias sem a interferência constante do líder. Esse estilo pode ser particularmente eficaz em laboratórios de pesquisa onde cientistas e engenheiros trabalham em projetos inovadores e precisam de autonomia para testar e desenvolver novas teorias. Em empresas que valorizam a criatividade, como agências de publicidade e estúdios de *design*, a liderança *laissez-faire* é capaz de permitir que os funcionários desenvolvam suas próprias ideias e projetos, levando a um trabalho mais original e inspirador.

As contribuições de Kurt Lewin para a compreensão da liderança e da dinâmica de grupo permanecem relevantes e aplicáveis nas diversas áreas organizacionais e educacionais de hoje. Compreender os diferentes estilos de liderança e saber quando e como aplicá-los pode ser a chave para o sucesso de um grupo ou organização.

A liderança autoritária pode ser eficaz em situações de crise ou quando há necessidade de decisões rápidas. No entanto, pode levar a um ambiente de trabalho opressivo e à desmotivação dos membros do grupo. A liderança democrática é geralmente associada a um maior nível de satisfação e produtividade dos membros do grupo, pois promove a participação e o compromisso. No entanto, pode ser menos eficaz em situações que requerem decisões rápidas ou em que a direção clara é necessária. Por fim, a liderança *laissez-faire* pode ser benéfica em ambientes em que a criatividade e a inovação são valorizadas e os membros do grupo são capazes de se autogerenciar. No entanto, pode levar à falta de direção e coesão em grupos que necessitam de orientação.

Cada estilo tem suas vantagens e desvantagens, e a escolha do estilo mais adequado depende das características do grupo e das demandas da situação. Em última análise, a flexibilidade e a adaptabilidade em usar diferentes estilos de liderança podem ajudar a maximizar a eficiência, a criatividade e a satisfação dentro de um grupo.

## 4.2 Teoria da Liderança Situacional de Hersey e Blanchard

A Teoria da Liderança Situacional de Hersey e Blanchard foi introduzida pela primeira vez em 1969, no livro **Management of Organizational Behavior**. A premissa central da teoria é que não existe um único estilo de liderança que seja eficaz em todas as situações. Em vez disso, a eficácia do líder depende de sua capacidade de adaptar seu estilo de liderança ao nível de maturidade e competência dos seguidores (Hersey; Blanchard, 1969). Essa abordagem teórica busca compreender como diferentes estilos de liderança podem ser eficazes em diferentes contextos e situações. Destaca a importância da adaptação do líder às necessidades e às características específicas dos seguidores e da situação em questão (Hersey; Blanchard, 1969).

Segundo Quaglio *et al.* (2015), a Teoria da Liderança Situacional baseia-se na premissa de que não há um único estilo de liderança eficaz em todas as situações, mas sim que o líder deve ser capaz de ajustar seu comportamento de acordo com as demandas da situação e o nível de maturidade dos seguidores. Blanchard,

Zigarmi e Nelson (1993) corroboram essa ideia ao afirmarem que o sucesso de um líder depende da sua capacidade de diagnosticar corretamente a situação e de adaptar seu estilo de liderança de acordo com a maturidade dos seguidores.

A Teoria da Liderança Situacional identifica quatro estilos de liderança principais: direção, orientação, participação e delegação (Hersey; Blanchard, 1982). Forsyth (2009) explica que o estilo de direção é mais apropriado quando os seguidores têm baixa competência e baixa disposição para realizar tarefas, enquanto o estilo de delegação é mais adequado para seguidores com alta competência e alta disposição.

A eficácia da liderança varia de acordo com a maturidade dos seguidores e a situação específica. Hersey e Blanchard identificaram quatro estilos principais de liderança, que devem ser adaptados ao nível de desenvolvimento dos membros do grupo:

- Direção (S1): é caracterizado por uma alta orientação de tarefas e baixa orientação de relacionamento. O líder fornece instruções claras e específicas e supervisiona de perto a execução das tarefas. É mais eficaz quando os seguidores têm baixa competência e baixa confiança, necessitando de orientação constante (Hersey; Blanchard, 1982). Caracterizado por alta orientação e baixo suporte, esse estilo é mais eficaz quando os seguidores têm baixa competência e baixa disposição para realizar tarefas.
- Orientação (S2): combinando alta orientação de tarefas com alta orientação de relacionamento, esse estilo envolve a explicação de decisões, a participação ativa dos seguidores e o encorajamento. É apropriado para seguidores com alguma competência, mas que ainda precisam de orientação e motivação. Caracteriza-se

por alta orientação e alto suporte, sendo útil quando os seguidores têm alguma competência, mas falta confiança ou motivação (Lopes; Leite, 2018).
- Participação (S3): caracterizado por baixa orientação de tarefas e alta orientação de relacionamento, esse estilo é utilizado quando os seguidores possuem competência, mas carecem de confiança ou motivação. O líder facilita a participação e o envolvimento dos seguidores na tomada de decisões. Combinando baixa orientação e alto suporte, é ideal para seguidores que possuem alta competência, mas podem estar inseguros ou necessitam de suporte psicológico (Blanchard; Zigarmi; Nelson, 1993).
- Delegação (S4): esse estilo apresenta baixa orientação de tarefas e baixa orientação de relacionamento, sendo mais adequado quando os seguidores são altamente competentes e motivados. O líder delega responsabilidades e confia na capacidade dos seguidores de realizar as tarefas de forma independente. Devido à baixa orientação e baixo suporte, é indicado para seguidores com alta competência e alta disposição, que são autossuficientes e motivados (Northouse, 2021).

Um aspecto fundamental da Teoria da Liderança Situacional é a noção de maturidade dos seguidores. Graeff (1983) define a maturidade como a capacidade e a disposição dos seguidores para realizar uma tarefa específica. Hersey e Blanchard (1969) categorizam a maturidade em quatro níveis, que variam de acordo com o grau de competência e a disposição dos seguidores. A teoria destaca a importância de avaliar o nível de maturidade dos seguidores, que é uma combinação de sua competência (habilidade) e compromisso (motivação). Segundo Blanchard, Zigarmi e Nelson (1993), Hersey e Blanchard definiram quatro níveis de maturidade:

a. M1 (baixa competência, baixo compromisso): seguidores que carecem de habilidades específicas e estão desmotivados ou inseguros.
b. M2 (baixa competência, alto compromisso): seguidores que estão motivados, mas ainda não possuem as habilidades necessárias.
c. M3 (alta competência, baixo compromisso): seguidores que têm as habilidades, mas faltam-lhes confiança ou motivação.
d. M4 (alta competência, alto compromisso): seguidores que são competentes e altamente motivados.

É importante ressaltar que a Teoria da Liderança Situacional não é isenta de críticas. Graeff (1983) argumenta que a teoria pode ser simplista ao categorizar estilos de liderança e maturidade dos seguidores em apenas quatro tipos, sem considerar as complexidades das interações humanas e organizacionais. Além disso, alguns críticos apontam que a teoria pode subestimar o papel de fatores contextuais mais amplos, como a cultura organizacional e as dinâmicas de poder.

Em suma, a Teoria da Liderança Situacional de Hersey e Blanchard oferece uma abordagem flexível e adaptável à liderança, reconhecendo que não há um estilo único que seja eficaz em todas as situações. Ela destaca a importância de os líderes ajustarem seu comportamento de acordo com a maturidade e a competência dos seguidores, oferecendo quatro estilos principais de liderança: direção, orientação, participação e delegação. Esses estilos são aplicáveis em diferentes graus, dependendo do nível de competência e comprometimento dos seguidores. No entanto, a teoria não está isenta de críticas, principalmente relacionadas à sua simplificação dos estilos de liderança e maturidade dos seguidores, sem considerar as complexidades das interações humanas e organizacionais, bem como fatores contextuais mais amplos.

### 4.2.1 Aplicação da Teoria da Liderança Situacional

A Teoria da Liderança Situacional de Hersey e Blanchard oferece várias aplicações práticas em diferentes contextos organizacionais. Aqui estão algumas delas:

a. Desenvolvimento de líderes: essa teoria fornece um modelo para o desenvolvimento de líderes, enfatizando a importância de adaptar o estilo de liderança de acordo com a situação e o nível de maturidade dos seguidores. Os programas de desenvolvimento de liderança podem incorporar conceitos da Teoria da Liderança Situacional para ajudar os líderes a entenderem quando e como ajustar seu comportamento para melhorar a eficácia da liderança.
b. Gestão de equipes: os líderes podem usar os princípios da Teoria da Liderança Situacional para gerenciar equipes de maneira mais eficaz. Ao avaliar o nível de competência e compromisso dos membros da equipe, os líderes podem adaptar seu estilo de liderança para apoiar o desenvolvimento e o desempenho da equipe.
c. Tomada de decisão: a teoria enfatiza a importância da participação dos seguidores na tomada de decisões, especialmente quando possuem alta competência, mas podem estar inseguros ou necessitam de suporte. Os líderes podem aplicar esse princípio ao envolver os membros da equipe em processos de tomada de decisão, o que pode aumentar o comprometimento e a qualidade das decisões.
d. Motivação e engajamento: ao compreender o nível de competência e compromisso dos membros da

equipe, os líderes podem adaptar sua abordagem para motivar e engajar os colaboradores de maneira mais eficaz. Isso pode envolver o fornecimento de apoio psicológico para aqueles que têm habilidades, mas falta-lhes confiança ou motivação.

e. *Feedback* e *coaching*: a compreensão dos diferentes níveis de maturidade dos seguidores permite aos líderes fornecerem *feedback* e *coaching* mais eficazes. Eles podem adaptar sua abordagem de acordo com as necessidades específicas de desenvolvimento de cada membro da equipe.

f. Resolução de conflitos: ao reconhecer que diferentes estilos de liderança são eficazes em diferentes situações, os líderes podem aplicar essa compreensão para resolver conflitos dentro da equipe. Por exemplo, em situações em que os membros da equipe têm baixa competência e baixo compromisso, um estilo mais diretivo pode ser apropriado para orientar a resolução do conflito.

g. Avaliação de desempenho: a Teoria da Liderança Situacional também pode ser útil na avaliação do desempenho dos líderes. Eles podem ser avaliados não apenas com base nos resultados alcançados, mas também na eficácia de seu estilo de liderança em diferentes situações e com diferentes membros da equipe.

h. Melhoria do clima organizacional: a adoção de uma abordagem flexível de liderança, que leva em consideração as necessidades individuais dos seguidores, pode contribuir para um clima organizacional mais positivo. Os funcionários podem se sentir mais valorizados e engajados quando percebem que seu líder está adaptando sua abordagem para atender às suas necessidades.

## 4.3 Contribuições de Max Weber

Max Weber, um dos fundadores da sociologia moderna, teve um impacto significativo no entendimento das dinâmicas de liderança e poder em contextos grupais. Suas teorias são fundamentais para a psicologia de grupos, fornecendo uma base teórica para explorar como a liderança é exercida e como o poder é distribuído e mantido dentro de grupos sociais. Esta seção explora as contribuições de Weber para esses temas, abordando sua relevância para a compreensão das estruturas de poder e liderança em grupos.

Weber introduziu a ideia de "sociologia compreensiva", que enfatiza a importância de entender o significado das ações sociais (Weber, 2004). Ele propôs que a ação social deve ser analisada não apenas em termos de seus efeitos objetivos, mas também pelos significados subjetivos que os indivíduos atribuem a essas ações (Ringer, 2004). Esse conceito é crucial para entender a liderança, pois os líderes eficazes são aqueles que conseguem compreender e influenciar as motivações e significados das ações de seus seguidores. A partir dessa perspectiva, a liderança se torna uma questão de exercer autoridade e de interpretar e responder aos significados que os membros do grupo atribuem às suas ações e às ações dos outros.

Max Weber, em sua obra, identificou três tipos puros de dominação legítima: tradicional, carismática e racional-legal (Weber, 2013). A dominação tradicional é fundamentada em costumes e práticas estabelecidas ao longo do tempo, conferindo legitimidade ao poder por meio da continuidade histórica e da aceitação social. Nesse tipo, a autoridade é frequentemente herdada ou transmitida dentro de estruturas familiares ou comunitárias. A dominação carismática, por sua vez, baseia-se na devoção a um líder considerado extraordinário ou dotado de qualidades excepcionais. Esse tipo de dominação depende fortemente do carisma pessoal do líder e da crença dos seguidores em suas capacidades e visão. A autoridade carismática tende a ser instável, pois está atrelada às características individuais do líder, que podem perder influência ou desaparecer. Já a dominação racional-legal é fundamentada em um sistema de regras impessoais e legais. Nesse tipo, a autoridade é legitimada por meio de normas e procedimentos formais, sendo exercida dentro de uma estrutura burocrática. A obediência é devida às leis e aos regulamentos, e não a indivíduos específicos. Esse tipo de dominação é típico das sociedades modernas e organizações complexas, nas quais a eficiência e a previsibilidade são valorizadas (Swedberg; Agevall, 2016). Cada um desses tipos de dominação oferece uma perspectiva distinta sobre como o poder é exercido e legitimado em diferentes contextos sociais. A análise dessas formas de dominação permite compreender as bases da autoridade e a dinâmica do poder em diversas organizações e sociedades.

A liderança carismática é uma forma de dominação em que o líder é visto como possuidor de qualidades excepcionais e é capaz de inspirar devoção e entusiasmo em seus seguidores (Bendix, 1998). Essa forma de liderança é particularmente relevante em situações de crise ou mudança, nas quais os seguidores procuram um líder que possa oferecer uma visão e direção clara. A liderança carismática pode ter um impacto profundo na psicologia dos grupos. Líderes carismáticos são capazes de mobilizar grandes grupos de pessoas, inspirando confiança e lealdade (Burns, 2012). No entanto, ela também pode levar à dependência excessiva do líder, criando um risco de autoritarismo e perda de autonomia individual.

Um exemplo clássico de liderança carismática é o de Mahatma Gandhi, cujo carisma e visão mobilizaram milhões na luta pela independência da Índia. Gandhi exemplificou como um líder carismático pode influenciar as ações, as crenças e os valores de seus seguidores (Secches, 2020). Outro exemplo notável é o de Martin Luther King Jr., cujo carisma e capacidade de articular uma visão poderosa de igualdade e justiça mobilizaram milhões de pessoas na luta pelos direitos civis nos Estados Unidos. Ambos os líderes demonstraram como a liderança carismática pode ser uma força poderosa para a mudança social, mas também como pode depender fortemente das qualidades pessoais do líder.

Weber argumentou que a dominação racional-legal é a base da burocracia moderna, que ele via como a forma mais eficiente e racional de organização (Blau, 1956). A burocracia é caracterizada por uma hierarquia clara, por regras impessoais e pela separação entre a esfera pessoal e a profissional (Colliot-Thélène, 2017). Em um contexto burocrático, a liderança é exercida por meio de posições formais, e a autoridade é derivada do cargo, não da pessoa que o ocupa. Isso pode levar a uma liderança mais estável e previsível, mas também pode resultar em rigidez e falta de inovação (Swedberg, 2018).

Organizações governamentais e grandes corporações frequentemente exemplificam a dominação racional-legal. A estrutura hierárquica e as regras formais dessas organizações são projetadas para garantir eficiência e equidade, mas também podem ser criticadas por sua falta de flexibilidade e capacidade de resposta rápida a mudanças (Burns, 2012). A burocracia pode criar um ambiente em que a conformidade com as regras é valorizada acima da criatividade e da inovação, o que pode ser um desafio significativo para a adaptação em tempos de mudança rápida. No entanto, a estrutura burocrática também pode proporcionar um grau de segurança e previsibilidade que é valioso em muitas situações, especialmente em grandes organizações nas quais a coordenação eficiente de muitas pessoas e recursos é crucial.

Weber explorou como a ética protestante influenciou o desenvolvimento do capitalismo e, por extensão, as formas de liderança dentro de um contexto capitalista (Weber, 2004). Ele argumentou que a ética protestante promoveu valores como disciplina, trabalho árduo e responsabilidade individual, que são essenciais para a liderança eficaz em um ambiente capitalista. Em um contexto de trabalho, esses valores podem levar a uma cultura organizacional que valoriza a eficiência e a meritocracia. Líderes que incorporam esses valores podem ser mais eficazes em motivar seus funcionários e promover um ambiente de trabalho produtivo (Secches, 2020).

Empresas como Google e Apple exemplificam como a ética protestante e os valores capitalistas influenciam a liderança e a cultura organizacional. Essas empresas enfatizam a inovação, a responsabilidade individual e a eficiência, valores que são centrais à visão de Weber sobre o capitalismo (Swedberg, 2018). Nessas organizações, a liderança muitas vezes envolve criar um ambiente que encoraja a inovação e a criatividade, ao mesmo tempo em que mantêm um foco na eficiência e nos resultados. A cultura organizacional dessas empresas pode servir como um modelo de como os valores capitalistas podem ser integrados na liderança para promover tanto o desempenho quanto a satisfação dos funcionários.

As teorias de Weber sobre dominação e liderança fornecem uma base para entender as dinâmicas de poder em grupos. A compreensão de como diferentes tipos de liderança afetam o comportamento dos grupos pode ajudar os psicólogos a desenvolverem intervenções mais eficazes para melhorar a coesão e a eficácia dos grupos (Ringer, 2004). Por exemplo, em um contexto terapêutico de grupo, compreender as dinâmicas de poder e liderança pode ajudar os facilitadores a criarem um ambiente em que todos os membros se sintam valorizados e ouvidos. No contexto organizacional, as teorias de Weber podem informar programas de desenvolvimento de liderança que ajudem os líderes a reconhecerem e utilizarem diferentes estilos de liderança de maneira eficaz.

As ideias de Weber podem ser aplicadas em diversas áreas, desde a administração de empresas até a psicoterapia de grupos. Por exemplo, entender a dinâmica da liderança carismática pode ajudar os líderes a usarem seu carisma de maneira ética e eficaz, enquanto o entendimento da burocracia pode ajudar as organizações a equilibrarem a eficiência com a flexibilidade (Blau, 1956). Em contextos educacionais, as teorias de Weber podem ajudar a desenvolver currículos que preparem futuros líderes para lidar com a complexidade das dinâmicas de poder em grupos.

Embora as teorias de Weber sejam amplamente influentes, elas também têm suas limitações. Alguns críticos argumentam que ele subestima a importância das emoções e das relações informais na dinâmica de poder e liderança (Colliot-Thélène, 2017). Além disso, a ênfase de Weber na racionalidade pode não capturar completamente a complexidade das interações humanas em contextos grupais (Burns, 2012). As dinâmicas de poder e liderança são frequentemente influenciadas por fatores emocionais e contextuais que podem não ser totalmente explicados pelas teorias de Weber. No entanto, suas contribuições continuam sendo uma base crucial para a exploração desses temas, e a integração de perspectivas adicionais pode ajudar a construir uma compreensão mais completa.

As contribuições de Max Weber para o estudo da liderança e do poder em contextos grupais são vastas e profundas. Suas teorias oferecem uma base sólida para entender como a liderança é exercida e como o poder é distribuído e mantido dentro dos grupos. Ao explorar a liderança carismática, a dominação racional-legal e a ética protestante, Weber nos fornece ferramentas valiosas para analisar e melhorar as dinâmicas de grupo em uma variedade de contextos. Apesar das críticas e limitações, seu trabalho continua sendo fundamental para a psicologia de grupos e a sociologia moderna. A aplicação de suas teorias pode ajudar a desenvolver líderes mais eficazes e organizações mais resilientes, capazes de enfrentar os desafios complexos do mundo contemporâneo.

## 4.4 Contribuições de Richard Hackman (Teoria sobre a Eficácia dos Grupos de Trabalho)

Richard Hackman foi um psicólogo social cujas pesquisas revolucionaram a compreensão do comportamento de grupos e equipes no ambiente de trabalho. Ao longo de sua carreira, desenvolveu várias teorias e modelos que ainda hoje são influentes em estudos de dinâmica de grupo e eficácia de equipes. Suas contribuições abrangem desde a criação de ambientes que promovem a eficiência das equipes até a compreensão dos fatores que levam ao desempenho superior (Hackman, 2002).

Hackman argumentava que a eficácia das equipes dependia de vários fatores inter-relacionados que podiam ser controlados e otimizados pelas organizações. Sua abordagem inovadora trouxe uma nova perspectiva sobre como as equipes poderiam ser estruturadas e gerenciadas para alcançar resultados excepcionais. Seu trabalho influenciou não apenas a psicologia, mas também a administração, a engenharia e a educação, demonstrando a ampla aplicabilidade de suas teorias (Hackman; Wageman, 2005).

Richard Hackman nasceu em 1940 e recebeu seu PhD em Psicologia Social pela Universidade de Illinois. Ele passou a maior parte de sua carreira acadêmica na Universidade de Harvard, onde se destacou como um dos principais pesquisadores em psicologia de grupos. Suas publicações incluem numerosos artigos e livros que continuam a ser referência essencial na área (Hackman, 1990).

Hackman foi um pioneiro na aplicação de princípios psicológicos para melhorar a eficácia das equipes de trabalho. Ele acreditava que, ao entender as dinâmicas de grupo e os fatores que influenciam o desempenho das equipes, era possível criar ambientes de trabalho que maximizassem a produtividade e a satisfação dos membros da equipe. Sua dedicação à pesquisa e seu compromisso com a melhoria contínua das práticas organizacionais fizeram dele uma figura respeitada e influente na psicologia e além (Hackman, 2002).

Uma das principais contribuições de Hackman foi sua teoria sobre a eficácia dos grupos de trabalho. O psicólogo postulou que três fatores principais determinam a eficácia de um grupo: (1) o nível de esforço dos membros do grupo, (2) a adequação das estratégias que o grupo utiliza para realizar seu trabalho, e (3) o nível de competências dos membros do grupo. Ele argumentava que esses fatores são influenciados por várias condições que podem ser controladas pelas organizações para melhorar o desempenho da equipe (Hackman, 1987).

Hackman identificou cinco condições principais que, quando atendidas, aumentam significativamente a probabilidade de uma equipe ser eficaz:

1. **Equipe Real:** segundo Hackman, uma equipe deve ser claramente definida, com membros estáveis e um objetivo comum (Hackman, 1990). Isso implica que as equipes devem ter uma identidade clara, com papéis e responsabilidades bem definidos para cada membro.

2. **Propósito Competente:** as equipes precisam de uma direção clara e motivadora que alinhe seus esforços em direção a um objetivo significativo (Hackman; Wageman, 2005). Um propósito forte e inspirador pode ajudar a manter a equipe focada e motivada, mesmo diante de desafios.

3. **Estrutura de Suporte:** Hackman enfatizou a importância de uma estrutura que suporte a equipe, incluindo recursos adequados, papéis bem definidos e normas de grupo que promovam comportamentos desejáveis (Hackman, 2002). A estrutura deve ser flexível o suficiente para se adaptar às mudanças, mas suficientemente robusta para fornecer uma base estável.

4. **Contexto de Suporte:** para Hackman, as equipes funcionam melhor em um contexto organizacional que fornece as informações, a educação e os recursos necessários para a realização do trabalho (Hackman, 2002). Isso inclui acesso a treinamentos, informações relevantes e suporte logístico.

5. *Coaching* **de Grupo:** Hackman destacou a importância do *coaching* contínuo para ajudar as equipes a desenvolverem e manterem práticas eficazes de trabalho (Hackman; Wageman, 2005). O *coaching* pode fornecer *feedback* valioso e ajudar a equipe a corrigir o curso, quando necessário.

Outro importante modelo desenvolvido por Hackman foi o Modelo Input-Process-Output (IPO), que descreve como as entradas (*inputs*) de uma equipe (tais como recursos e condições iniciais) influenciam os processos internos (como comunicação e tomada de decisão), os quais por sua vez afetam os resultados finais (*outputs*), como o desempenho e a satisfação da equipe

(Hackman; Katz, 2010). Esse modelo foi fundamental para a compreensão de como diferentes fatores interagem para influenciar a eficácia das equipes.

Hackman enfatizou que as entradas incluem os recursos tangíveis, como tempo e dinheiro e os recursos intangíveis, como a confiança e o comprometimento dos membros da equipe. Os processos internos, por sua vez, referem-se à maneira como a equipe trabalha junta, incluindo a comunicação, a tomada de decisão e a resolução de conflitos. Finalmente, os *outputs* são os resultados alcançados pela equipe, tanto em termos de desempenho quanto de satisfação dos membros (Hackman, 1990).

As teorias e os modelos de Hackman influenciaram a pesquisa acadêmica e a prática organizacional. Empresas em todo o mundo adotaram suas recomendações para formar equipes mais eficazes e melhorar a produtividade. Além disso, seu trabalho teve um impacto significativo em disciplinas como a administração, a engenharia e até mesmo a educação, cujas ideias sobre a dinâmica de grupo e a eficácia de equipe foram aplicadas para melhorar os resultados em diversas áreas (Hackman; Wageman, 2004).

Hackman foi um defensor da importância do ambiente de trabalho na determinação do sucesso das equipes. Ele argumentava que, ao criar condições adequadas, as organizações poderiam maximizar o potencial das equipes. Sua pesquisa mostrou que equipes bem-sucedidas não são apenas o resultado de indivíduos talentosos, mas também de um ambiente que suporta e incentiva a colaboração eficaz (Hackman, 2002).

Hackman conduziu vários estudos de caso que demonstram a aplicação prática de suas teorias. Por exemplo, sua pesquisa sobre orquestras e equipes de aviação ilustrou como a composição e o ambiente de trabalho podem influenciar o desempenho. Esses estudos de caso fornecem perspectivas sobre como teorias abstratas podem ser aplicadas em contextos reais (Hackman, 1978).

Em suas investigações sobre orquestras, Hackman descobriu que a coesão do grupo e a clareza de propósito eram cruciais para o desempenho. Ele observou que orquestras com maior coesão e uma compreensão clara de seus objetivos tendiam a ter desempenhos superiores. Da mesma forma, em suas pesquisas sobre equipes de aviação, ele destacou a importância da comunicação clara e do treinamento adequado para garantir a segurança e a eficiência (Hackman, 1990).

As contribuições de Richard Hackman para a psicologia de grupos são vastas e profundas. Sua abordagem científica rigorosa e suas teorias bem fundamentadas proporcionaram uma base sólida para a compreensão e melhoria da eficácia das equipes. Seu legado continua a influenciar pesquisadores e profissionais que buscam entender e melhorar a dinâmica de grupo no ambiente de trabalho e além.

Hackman nos ensinou que a eficácia das equipes não é apenas uma questão de reunir indivíduos talentosos, mas de criar um ambiente que suporte e incentive o trabalho em equipe. Suas teorias e modelos fornecem uma estrutura valiosa para qualquer organização que deseja maximizar o desempenho de suas equipes. Seu trabalho continuará a ser uma fonte de inspiração e orientação para futuras gerações de pesquisadores e praticantes.

### 4.4.1 Aplicação da Teoria sobre a Eficácia dos Grupos de Trabalho

A aplicação prática das teorias de Richard Hackman na psicologia de grupos e no gerenciamento de equipes se estende por diversas indústrias e setores. Seus modelos e *insights* foram utilizados para transformar a maneira como as equipes são estruturadas, gerenciadas e apoiadas, levando a melhorias significativas em desempenho, eficiência e satisfação dos membros das equipes.

Um dos exemplos mais notáveis da aplicação das teorias de Hackman pode ser observado em suas pesquisas sobre orquestras sinfônicas. Hackman estudou como a coesão do grupo, o propósito compartilhado e a clareza dos papéis impactavam o desempenho das orquestras. Ele descobriu que orquestras com maior coesão de grupo e uma clara compreensão dos objetivos comuns tendiam a ter desempenhos superiores (Hackman, 1990).

Essa descoberta foi significativa porque demonstrou que, mesmo em grupos compostos por indivíduos altamente talentosos, como músicos profissionais, o desempenho pode ser amplamente influenciado pela dinâmica de grupo e pela forma como o trabalho é estruturado. O trabalho de Hackman com orquestras influenciou a maneira como outras organizações musicais e culturais estruturam suas equipes e gerenciam a colaboração entre seus membros.

Outro estudo de caso relevante foi a aplicação das teorias de Hackman em equipes de aviação. Em um setor em que a segurança é de importância crítica, Hackman investigou como a comunicação clara, o treinamento adequado e o apoio organizacional influenciam o desempenho das equipes de aviação. Ele observou que equipes de voo que tinham processos bem definidos para comunicação e resolução de problemas eram mais eficazes e menos propensas a cometer erros que pudessem comprometer a segurança (Hackman, 2002).

Essa aplicação prática destacou a importância do ambiente organizacional e das condições de trabalho no desempenho de equipes em situações de alta pressão. As descobertas de Hackman levaram muitas companhias aéreas a revisarem seus processos de treinamento e as estruturas de suporte para garantir que as equipes de voo tivessem as melhores condições possíveis para desempenhar suas funções de maneira eficaz e segura.

As teorias de Hackman também foram amplamente aplicadas no mundo corporativo. Organizações de diversos setores adotaram suas recomendações para formar equipes mais eficazes e melhorar a produtividade. Por exemplo, muitas empresas implementaram o Modelo IPO para analisar e otimizar o desempenho de suas equipes de projeto. Ao focar em entradas como recursos disponíveis e habilidades dos membros da equipe, e em processos como comunicação e coordenação, as empresas puderam alcançar melhores resultados em termos de desempenho e satisfação dos colaboradores (Hackman; Katz, 2010).

Além disso, a teoria do *coaching* de equipes de Hackman influenciou o desenvolvimento de programas de liderança e *coaching* em várias organizações. Empresas começaram a investir mais em *coaching* contínuo, reconhecendo que a orientação e o *feedback* regular são cruciais para o desenvolvimento de equipes eficazes e para a manutenção de altos padrões de desempenho (Hackman; Wageman, 2005).

No campo da educação, as ideias de Hackman sobre a eficácia das equipes foram aplicadas para melhorar os resultados de aprendizagem em ambientes de ensino colaborativo. Escolas e universidades implementaram estratégias baseadas em suas teorias para criar grupos de estudo e projetos que maximizaram o engajamento dos alunos e promoveram uma aprendizagem mais profunda e significativa. Ao assegurar que os grupos de alunos tivessem um propósito claro, recursos adequados e apoio organizacional, as instituições de ensino puderam melhorar a cooperação entre os alunos e alcançar melhores resultados acadêmicos (Hackman, 2002).

As teorias e os modelos desenvolvidos por Richard Hackman demonstraram ter uma aplicabilidade prática ampla e significativa em diversas indústrias e contextos. Sua abordagem rigorosa e baseada em evidências permitiu que organizações ao redor do mundo melhorassem a eficácia de suas equipes, resultando em desempenhos superiores, maior satisfação entre os membros da equipe e, em última análise, em maiores níveis de sucesso organizacional.

A aplicação prática do trabalho de Hackman mostra que, ao entender e gerenciar cuidadosamente as dinâmicas de grupo, é possível criar equipes que não apenas cumpram suas metas, mas que também superem expectativas e estabeleçam novos padrões de excelência. Seja em orquestras, aviação, corporações ou educação, as contribuições de Hackman continuam a influenciar e melhorar o desempenho das equipes em uma ampla gama de cenários.

## REFERÊNCIAS

BASS, B. M.; BASS, R. **The Bass handbook of leadership:** theory, research, and managerial applications. New York: Simon and Schuster, 2009.

BENDIX, R. **Max Weber:** an intellectual portrait. New York: Psychology Press, 1998.

BLANCHARD, K. **Leading at a higher level:** Blanchard on leadership and creating high performing organizations. New Jersey: FT Press, 2018.

BLANCHARD, K. H. *et al*. **Leadership and the one minute manager.** London: Collins, 1986.

BLANCHARD, K. H.; ZIGARMI, D.; NELSON, R. B. Situational Leadership after 25 years: a retrospective. **Journal of Leadership Studies**, v. 1, n. 1, p. 21-36, 1993.

BLAU, P. M. **Bureaucracy in modern society**. New York: Random House, 1956.

BURNS, J. M. **Leadership**. Nova York: Open Road Media, 2012.

COLLIOT-THÉLÈNE, C. **A sociologia de Max Weber**. Petrópolis: Editora Vozes, 2017.

FORSYTH, D. R. **Group dynamics**. 5. ed. Belmont: Wadsworth Cengage Learning, 2009.

FORSYTH, D. R. **Group dynamics**. 6. ed. Belmont: Wadsworth Cengage Learning, 2014.

GOLEMAN, D. Leadership that gets results. *In*: GOLD, J.; THORPE, R.; MUMFORD, A. (Eds.). **Leadership perspectives**. New York: Routledge, 2017. p. 85-96.

GRAEFF, C. L. The situational leadership theory: A critical view. **Academy of management review**, v. 8, n. 2, p. 285-291, 1983.

HACKMAN, J. R. **Groups that work (and those that don't):** creating conditions for effective teamwork. San Francisco: Jossey-Bass, 1990.

HACKMAN, J. R. **Leading teams:** setting the stage for great performances. Boston: Harvard Business Press, 2002.

HACKMAN, J. R. The design of work in the 1980s. **Organizational dynamics**, v. 7, n. 1, p. 3-17, 1978.

HACKMAN, J. R. The design of work teams. **Handbook of Organizational Behavior**, p. 315-342, 1987.

HACKMAN, J. R.; KATZ, N. Group behavior and performance. **Handbook of social psychology**, v. 2, p. 1208-1251, 2010.

HACKMAN, J. R.; WAGEMAN, R. A theory of team coaching. **Academy of management review**, v. 30, n. 2, p. 269-287, 2005.

HACKMAN, J. R.; WAGEMAN, R. When and how team leaders matter. **Research in organizational behavior**, v. 26, p. 37-74, 2004.

HERSEY, P.; BLANCHARD, K. H. **Leadership style:** attitudes and behaviors. Upper Saddle River: Prentice Hall, 1982.

HERSEY, P.; BLANCHARD, K. H. **Management of organizational behavior:** utilizing human resources. Englewood Cliffs: Prentice-Hall, 1969.

LEWIN, K.; GOLD, M. (Ed.). **The dynamics of group action**. New York: Harper & Row, 1999.

LEWIN, K.; LIPPITT, R.; WHITE, R. K. Patterns of aggressive behavior in experimentally created social climates. **The Journal of Social Psychology**, v. 10, n. 2, p. 269-299, 1939.

LOPES, M. J.; LEITE, M. J. L. Liderança situacional: novo paradigma para os dias atuais. ID on line. **Revista de psicologia**, v. 12, n. 42, p. 349-366, 2018.

MONTEIRO, M. R. Revisitando Kurt Lewin: recuperando a trajetória e teses de um vanguardista da Psicologia social. **Aquila**, n. 30, p. 165-180, 2024.

NORTHOUSE, P. G. **Introduction to leadership:** concepts and practice. Londres: Sage Publications, 2020.

NORTHOUSE, P. G. **Leadership:** theory and practice. 9. ed. Thousand Oaks: Sage Publications, 2021.

QUAGLIO, M. H. *et al*. Liderança Situacional – uma abordagem teórica a partir do modelo de Hersey e Blanchard. **Revista Eletrônica Produção & Engenharia**, v. 7, n. 1, p. 575-586, 2015.

RINGER, F. K. **A metodologia de Max Weber:** unificação das ciências culturais e sociais. São Paulo: Edusp, 2004. v. 26.

RODRIGUES, M. B.; PRÁ, R.; CARVALHO, L. A. de *et al*. **Processos grupais**. Porto Alegre: Grupo A, 2022.

SECCHES, P. **Max Weber:** entre a sociologia e a psicologia. São Paulo: Appris, 2020.

SWEDBERG, R. **Max Weber and the idea of economic sociology**. Princeton: Princeton University Press, 2018.

SWEDBERG, R.; AGEVALL, O. **The Max Weber dictionary:** key words and central concepts. Stanford: Stanford University Press, 2016.

WEBER, M. **A ética protestante e o espírito do capitalismo**. Tradução de J. M. M. de Macedo. São Paulo: Companhia das Letras, 2004.

WEBER, M. **Economia e sociedade:** fundamentos da sociologia compreensiva. Brasília: Universidade de Brasília, 2004.

WEBER, M. **From Max Weber:** essays in sociology. London: Routledge, 2013.

# CAPÍTULO 5

## TEORIAS DE INTERVENÇÕES GRUPAIS

### 5.1 Grupoterapias

Grupoterapia, ou terapia de grupo, é uma abordagem psicoterapêutica que envolve a condução de sessões de terapia com múltiplos pacientes simultaneamente. Essa prática tem sido amplamente utilizada em diversos contextos clínicos, educacionais e organizacionais, devido ao seu potencial de promover mudanças significativas na dinâmica interpessoal e no bem-estar psicológico dos participantes. Segundo alguns autores, a interação em grupo oferece uma oportunidade única para os indivíduos refletirem sobre seus próprios comportamentos e emoções através do espelho do comportamento dos outros membros do grupo (Yalom, 2006). Além disso, Zimerman (2009) destaca que a grupoterapia proporciona um espaço em que as emoções e os conflitos podem ser explorados e trabalhados de forma mais intensa do que em terapias individuais. Nos últimos anos, o campo das grupoterapias tem passado por uma evolução significativa, com a introdução de novas técnicas e a adaptação de modelos tradicionais para diferentes populações e contextos culturais. Esta seção visa explorar as bases teóricas e práticas da grupoterapia, discutindo suas aplicações, benefícios e desafios. Além disso, serão apresentados exemplos de estudos que demonstram a eficácia dessa abordagem em diversos cenários, tais como o tratamento de transtornos de ansiedade, depressão e dependência química.

A grupoterapia é fundamentada em várias teorias psicológicas, incluindo a psicanálise, a teoria dos sistemas e a psicologia humanista. A teoria psicanalítica, proposta por Sigmund Freud, tem uma influência significativa na compreensão da dinâmica dos grupos terapêuticos. Freud enfatizou a importância do inconsciente na formação e manutenção das relações interpessoais, um conceito que foi expandido na prática da grupoterapia por autores como Wilfred Bion e Irvin Yalom. Bion (2003), por exemplo, sugeriu que os grupos funcionam de acordo com certas dinâmicas inconscientes que podem ser exploradas para promover a cura psicológica. Zimerman (1997) reforça essa perspectiva, ressaltando a importância do *setting* terapêutico como espaço em que o inconsciente coletivo do grupo pode ser investigado e trabalhado.

Wilfred Bion, um psicanalista britânico, é uma figura central na teoria das grupoterapias. Em seu trabalho **Experiences in Groups and Other Papers** (1961), Bion explora como os grupos funcionam como entidades dinâmicas e complexas, com comportamentos que não podem ser totalmente explicados apenas pela soma dos comportamentos individuais de seus membros. Bion identificou três "suposições básicas" que frequentemente emergem em grupos: dependência, luta-fuga e acasalamento. Essas suposições básicas representam estados emocionais coletivos que influenciam a dinâmica do grupo e podem interferir no trabalho terapêutico. A compreensão dessas dinâmicas inconscientes é crucial para os terapeutas que trabalham com grupos, pois permite que eles intervenham de maneira a facilitar o progresso terapêutico dos membros (Bion, 2003).

Irvin D. Yalom é outro autor de destaque no campo da grupoterapia, conhecido por sua obra **The Theory and Practice of Group Psychotherapy** (1990). Yalom identificou uma série de fatores terapêuticos que são intrínsecos ao processo de grupoterapia, como a universalidade, a coesão grupal, o aprendizado interpessoal, a catarse e a identificação. Esses fatores desempenham um papel crucial na eficácia da grupoterapia, proporcionando aos membros do grupo uma experiência compartilhada que pode levar a reflexões significativas e ao crescimento pessoal. Yalom também destacou a importância da coesão do grupo, que ele considerou fundamental para o sucesso do processo terapêutico, pois cria um ambiente de confiança e apoio mútuo em que os participantes se sentem seguros para explorar seus pensamentos e sentimentos (Yalom; Leszcz, 2020).

Além das contribuições psicanalíticas, as abordagens cognitivo-comportamentais também têm uma presença significativa na grupoterapia. A revisão empírica de Butler *et al.* (2006) sobre a terapia cognitivo-comportamental (TCC) destaca sua eficácia em contextos grupais, particularmente no tratamento de transtornos como a depressão e a ansiedade. Logo, a TCC em grupo oferece aos participantes uma estrutura para identificar e modificar pensamentos distorcidos e comportamentos mal adaptativos, com o apoio e o *feedback* dos demais membros do grupo.

Carl Rogers, no entanto, trouxe uma perspectiva humanista para a grupoterapia, enfatizando a importância da aceitação incondicional, da empatia e da autenticidade. Em seu trabalho **"On Becoming a Person"** (1961), Rogers defende que o ambiente de grupo pode ser um espaço poderoso para o crescimento pessoal, no qual os indivíduos se sentem compreendidos e aceitos, permitindo a exploração autêntica de si mesmos (Rogers, 1995). Carl Rogers e Abraham Maslow contribuem com a ênfase na autenticidade, na aceitação incondicional e na importância das relações interpessoais saudáveis. Em um contexto de grupoterapia, esses princípios são aplicados para criar um ambiente seguro e acolhedor, em que os indivíduos se sentem à vontade para explorar seus pensamentos e sentimentos mais profundos (Rogers, 1995). Osorio (2009) salienta que a grupoterapia humanista valoriza o potencial de crescimento de cada indivíduo, promovendo um espaço de encontro genuíno entre os participantes.

As aplicações da grupoterapia são vastas, abrangendo desde intervenções em contextos de trauma até o tratamento de dependências químicas e o desenvolvimento de habilidades sociais em ambientes educacionais e organizacionais. Foy, Eriksson e Trice (2001) discutem a eficácia da grupoterapia para sobreviventes de trauma, destacando como a dinâmica de grupo pode facilitar a ressignificação das experiências traumáticas e o fortalecimento do apoio social entre os membros (Foy; Eriksson; Trice, 2001). Velasquez *et al.* (2015) também ilustram a aplicabilidade da grupoterapia no tratamento de dependências, utilizando um modelo de estágios de mudança para guiar os participantes do processo de recuperação (Velasquez *et al.*, 2015).

No contexto organizacional, Hackman (2002) aborda a grupoterapia como uma ferramenta para melhorar a dinâmica de equipe e o desempenho organizacional. Ele enfatiza a importância do *setting* terapêutico para criar um ambiente no qual os membros da equipe possam desenvolver confiança mútua e resolver conflitos de maneira construtiva (Hackman, 2002).

A teoria dos sistemas, por sua vez, postula que os grupos funcionam como sistemas interconectados, nos quais as mudanças em um indivíduo afetam todo o sistema. Essa perspectiva é crucial para entender como as intervenções em grupoterapia podem gerar efeitos positivos não só no indivíduo, mas também na dinâmica do grupo como um todo (Minuchin, 2018).

A grupoterapia tem sido amplamente utilizada em uma variedade de contextos clínicos e não clínicos. Um dos usos mais comuns é no tratamento de transtornos de saúde mental, como depressão e ansiedade. Estudos demonstram que a terapia de grupo pode ser tão eficaz quanto a individual para esses transtornos, oferecendo a vantagem adicional de apoio social entre os membros do grupo (McDermut; Miller; Brown, 2001). Por exemplo, um estudo de caso conduzido em uma clínica de saúde mental mostrou que pacientes com depressão moderada a grave apresentaram melhorias significativas após participar de um grupo terapêutico semanal por um período de seis meses (Butler *et al.*, 2006).

Outro campo importante de aplicação é o tratamento de dependências, como o alcoolismo e o uso de drogas. A grupoterapia, nesse contexto, não só ajuda os indivíduos a desenvolverem estratégias de enfrentamento, mas também oferece um ambiente de apoio no qual os participantes podem compartilhar suas lutas e sucessos com outras pessoas que enfrentam desafios semelhantes (Velasquez *et al.*, 2015). Além disso, a terapia de grupo tem sido eficaz no tratamento de traumas, oferecendo um espaço seguro para que os sobreviventes compartilhem suas experiências e recebam apoio emocional de outros que passaram por situações similares (Foy; Eriksson; Trice, 2001). Yalom (2006) argumenta que, em contextos de trauma, a grupoterapia permite uma ressignificação coletiva das experiências dolorosas, ajudando na reconstrução da identidade e na recuperação do bem-estar.

A grupoterapia também é amplamente utilizada em contextos educacionais, podendo ajudar estudantes a desenvolverem habilidades sociais e emocionais. Por exemplo, programas de prevenção ao *bullying* muitas vezes incluem componentes de grupoterapia para ajudar as vítimas a recuperarem sua autoestima e desenvolverem estratégias de enfrentamento (Smith;

Pepler; Rigby, 2004). Além disso, a grupoterapia tem sido utilizada em ambientes organizacionais para melhorar a dinâmica de equipe e resolver conflitos internos (Hackman, 2002).

Um dos principais benefícios da grupoterapia é a oportunidade que ela oferece para os indivíduos se conectarem com outros que estão enfrentando desafios semelhantes. Esse senso de comunidade e apoio mútuo pode ser extremamente poderoso, ajudando os participantes a se sentirem menos isolados em suas lutas. Além disso, a grupoterapia oferece um espaço para o aprendizado e o crescimento pessoal. Os indivíduos podem aprender com as experiências dos outros membros do grupo, e o *feedback* construtivo oferecido por esses pares pode ajudar a promover a autoconsciência e o desenvolvimento pessoal (Yalom; Leszcz, 2020). Zimerman (2009) destaca que a interação grupal facilita o surgimento de *insights*, que são fundamentais para o progresso terapêutico.

Outro benefício importante é a oportunidade de praticar novas habilidades em um ambiente seguro e apoiador. Em um grupo terapêutico, os participantes podem experimentar novos comportamentos e receber *feedback* imediato dos outros membros do grupo. Essa prática pode ser particularmente útil para indivíduos que estão tentando superar fobias sociais ou melhorar suas habilidades de comunicação (McDermut; Miller; Brown, 2001).

Além disso, a grupoterapia pode ser uma opção mais acessível do que a terapia individual, especialmente em contextos nos quais os recursos são limitados. Em muitas clínicas de saúde mental e organizações sem fins lucrativos, a terapia de grupo é oferecida como uma alternativa de baixo custo à terapia individual, permitindo que mais pessoas tenham acesso a cuidados psicológicos (Butler *et al.*, 2008). Osorio (2009) ressalta que a grupoterapia, além de ser economicamente vantajosa, pode também ser mais eficaz em situações em que o apoio social e a troca de experiências são fundamentais para a recuperação.

Embora a grupoterapia ofereça muitos benefícios, ela também apresenta alguns desafios. Um dos principais desafios é a dinâmica interpessoal complexa que pode surgir em um grupo. Em qualquer grupo, é provável que haja conflitos entre os membros, e o terapeuta precisa ser habilidoso em mediar esses conflitos de maneira que promova a cura e o crescimento, em vez de perpetuar a tensão (Yalom, 2006). Zimerman (1997) enfatiza que o terapeuta deve estar preparado para lidar com resistências e transferências que possam surgir no *setting* grupal, mantendo sempre a coesão do grupo.

Outro desafio é garantir que todos os membros do grupo se sintam seguros e incluídos. Em um grupo diversificado, é possível que alguns membros se sintam excluídos ou marginalizados. O terapeuta precisa estar atento a essas dinâmicas e trabalhar ativamente para criar um ambiente inclusivo e acolhedor para todos os participantes (Corey *et al.*, 2018).

Além disso, a grupoterapia pode não ser adequada para todos os indivíduos. Algumas pessoas podem se sentir desconfortáveis em compartilhar seus pensamentos e sentimentos em um ambiente de grupo, e podem preferir a intimidade de uma sessão de terapia individual (Yalom, 2006). Para esses indivíduos, a grupoterapia pode ser menos eficaz e, em alguns casos, pode até mesmo exacerbar o estresse ou a ansiedade.

A grupoterapia é uma abordagem poderosa e versátil que pode oferecer benefícios significativos para uma ampla gama de indivíduos. Desde o tratamento de transtornos de saúde mental até o desenvolvimento de habilidades sociais e emocionais, a terapia de grupo oferece uma oportunidade única para os indivíduos se conectarem com os outros, aprenderem novas habilidades e crescerem em um ambiente de apoio mútuo. No entanto, como qualquer forma de terapia, ela também apresenta desafios, e é importante que os terapeutas estejam preparados para enfrentá-los de maneira eficaz. Como Zimerman (2009) argumenta, o sucesso da grupoterapia depende em grande parte da habilidade do terapeuta em manejar as complexidades da interação grupal.

Com o contínuo avanço das técnicas de grupoterapia e a crescente compreensão da dinâmica de grupo, é provável que essa forma de terapia continue a ser uma ferramenta valiosa para promover o bem-estar psicológico e o crescimento pessoal. A chave para o sucesso em grupoterapia reside na habilidade do terapeuta em criar e manter um ambiente seguro e acolhedor, em que todos os participantes possam se sentir ouvidos, valorizados e apoiados.

### 5.1.1  Aplicações Práticas da Grupoterapias

As aplicações práticas da grupoterapia são diversas e abrangem uma ampla gama de contextos terapêuticos e populacionais.

*Saúde Mental*

- **Depressão e ansiedade:** grupos terapêuticos para pessoas que sofrem de depressão ou ansiedade podem ajudar os participantes a compartilharem experiências, aprenderem novas estratégias de enfrentamento e receberem apoio emocional de pessoas que enfrentam desafios semelhantes.
- **Transtornos de humor e transtornos de personalidade:** a grupoterapia pode ser eficaz no tratamento de transtornos bipolares, *borderline* e outros transtornos de personalidade, oferecendo um espaço seguro para

explorar emoções complexas e desenvolver habilidades sociais.

## Dependência Química

- **Alcoolismo e drogadição:** grupos de apoio, como os Alcoólicos Anônimos (AA), utilizam a grupoterapia para ajudar os membros a manterem a sobriedade, compartilharem experiências de recuperação e construírem uma rede de suporte.
- **Tabagismo:** programas de cessação do tabagismo podem incluir sessões de grupoterapia para ajudar os participantes a lidarem com os desafios da abstinência e aprenderem estratégias para evitar recaídas.

## Doenças Crônicas

- **Câncer:** grupos de suporte para pacientes com câncer permitem que os participantes discutam suas experiências com a doença, compartilhem medos e preocupações, e recebam apoio emocional.
- **Diabetes e outras condições crônicas:** pacientes com doenças crônicas podem se beneficiar de grupos que discutem a gestão da doença, trocam informações sobre cuidados e se apoiam mutuamente.

## Reabilitação

- **Reabilitação física:** a grupoterapia pode ser usada em programas de reabilitação para ajudar os participantes a manterem a motivação e compartilharem dicas de recuperação.

- **Reabilitação psicossocial:** pacientes em reabilitação de doenças mentais graves podem usar a grupoterapia para reintegrar-se à comunidade, melhorar habilidades sociais e construir redes de apoio.

*Crescimento Pessoal e Autoconhecimento*

- **Autoestima e autoconfiança:** grupos focados no desenvolvimento pessoal podem ajudar os participantes a aumentarem a autoestima, melhorarem a autoconfiança e desenvolverem habilidades de comunicação.
- **Relacionamentos e habilidades sociais:** a grupoterapia pode ser usada para trabalhar questões de relacionamento e melhorar habilidades sociais, especialmente para pessoas que têm dificuldade em formar e manter relacionamentos.

*Ambiente Organizacional*

- **Melhoria do clima organizacional:** grupoterapias podem ser realizadas em empresas para melhorar o ambiente de trabalho, aumentar a coesão da equipe e reduzir conflitos.
- **Desenvolvimento de liderança:** grupos de desenvolvimento de liderança podem utilizar a grupoterapia para explorar estilos de liderança, melhorar habilidades de comunicação e promover o autoconhecimento.

## Famílias e Casais

- **Terapia de casal em grupo:** pode ajudar casais a aprenderem com as experiências de outros, melhorarem a comunicação e fortalecerem a relação.
- **Terapia familiar:** grupoterapias familiares podem ajudar a resolver conflitos, melhorar a comunicação e fortalecer os vínculos familiares.

## Grupoterapia Infantil e Adolescente

- **Desenvolvimento emocional e social:** crianças e adolescentes podem se beneficiar de grupoterapias que focam no desenvolvimento emocional, na autoestima e nas habilidades sociais, especialmente em casos de *bullying*, ansiedade ou dificuldades escolares.
- **Problemas comportamentais:** grupos podem ser formados para crianças e adolescentes com problemas comportamentais, como TDAH, para ajudar a desenvolver autocontrole e habilidades de convivência.

A grupoterapia é uma abordagem terapêutica que envolve o tratamento de vários indivíduos simultaneamente, sob a orientação de um ou mais terapeutas. O processo prático da grupoterapia geralmente segue algumas etapas básicas, que podem variar dependendo da abordagem teórica adotada, como a TCC, a Gestalt-terapia, o psicodrama, entre outras. Abaixo estão as etapas comuns em um processo de grupoterapia:

*Formação do Grupo*

- **Seleção de participantes:** os terapeutas escolhem os participantes com base em critérios como idade, gênero, tipo de problema ou objetivos terapêuticos.
- **Definição de objetivos:** estabelecem-se os objetivos do grupo, como aumentar a autoestima, melhorar as habilidades sociais ou lidar com o luto.
- **Contrato terapêutico:** um acordo entre os participantes e o terapeuta, que inclui as regras do grupo – confidencialidade, assiduidade e expectativas.

*Sessões de Introdução*

- **Apresentação:** primeiras sessões são utilizadas para que os membros se conheçam e compartilhem suas expectativas.
- **Criação de normas:** o grupo desenvolve suas normas de funcionamento, como respeito ao tempo de fala, escuta ativa e confidencialidade.

*Desenvolvimento*

- **Dinâmicas e exercícios:** durante as sessões, são realizadas atividades que estimulam a interação e a reflexão. Dependendo da abordagem, isso pode incluir *role-playing*, debates, exercícios de expressão emocional, entre outros.
- **Discussão e reflexão:** os membros discutem suas experiências e seus sentimentos, com o apoio do terapeuta para facilitar a compreensão dos temas abordados.

- **Feedback**: os membros oferecem e recebem *feedback*, que é uma parte essencial do processo de aprendizagem em grupo.

### Estágio de Conflito e Coesão

- **Resolução de conflitos:** naturalmente, surgem conflitos entre os membros, que são trabalhados dentro do grupo. A forma como os conflitos são resolvidos pode fortalecer a coesão do grupo.
- **Fortalecimento da coesão:** com o tempo, os membros se sentem mais conectados e apoiados, o que fortalece a coesão do grupo e o sentimento de pertencimento.

### Conclusão

- **Fechamento:** nas sessões finais, os membros refletem sobre o progresso feito, discutem o impacto do grupo em suas vidas e planejam como aplicar o que aprenderam fora do ambiente terapêutico.
- **Despedida:** o grupo encerra com uma despedida, em que os membros expressam seus sentimentos sobre o término, e os terapeutas podem fornecer orientações para continuidade do cuidado, se necessário.

### Acompanhamento

- **Sessões de acompanhamento:** em alguns casos, são realizadas sessões de acompanhamento para verificar como os participantes estão aplicando o que aprenderam e para fornecer suporte adicional.

Esse processo pode ser ajustado conforme as necessidades do grupo e a metodologia específica adotada pelos terapeutas. A chave para o sucesso da grupoterapia é o ambiente de apoio e a dinâmica de grupo, que permitem que os participantes explorem seus sentimentos e experiências de forma segura e construtiva.

## 5.2  Grupos de Encontro de Carl R. Rogers

Os grupos de encontro, desenvolvidos por Carl R. Rogers, representam uma abordagem inovadora no campo da psicologia humanista, caracterizando-se como espaços nos quais os indivíduos são convidados a explorar suas emoções, pensamentos e comportamentos em um ambiente seguro e não diretivo. Rogers, reconhecido por sua contribuição à terapia centrada no cliente, viu nesses grupos uma oportunidade de promover um profundo crescimento pessoal e interpessoal (Rogers; Proença, 1994). Nesta seção, exploraremos as origens, os fundamentos e os impactos dos grupos de encontro, assim como seu papel no desenvolvimento da autenticidade e do crescimento pessoal.

A ideia de grupos de encontro surgiu a partir do trabalho de Rogers com a terapia centrada no cliente. Ele acreditava que as interações humanas, quando conduzidas em um ambiente de aceitação incondicional, poderiam gerar mudanças significativas no indivíduo (Rogers, 2003). Essa abordagem encontrou terreno fértil no contexto de grupos, em que os participantes podiam se apoiar mutuamente em seus processos de autodescoberta e desenvolvimento emocional. Rogers enfatizou a importância de um clima de liberdade psicológica dentro desses grupos, nos quais os membros se sentem livres para expressar seus sentimentos mais profundos sem medo de julgamentos ou censuras.

Os grupos de encontro se desenvolveram inicialmente como uma extensão da terapia individual, mas logo se estabeleceram como uma prática autônoma, aplicada em diferentes contextos, desde o ambiente corporativo até o educacional. Em todos os contextos, a meta central permaneceu a mesma: promover a congruência, ou seja, a coerência entre o eu real e o eu ideal de cada participante (Rogers, 2017).

A base teórica dos grupos de encontro está profundamente enraizada nos princípios da psicologia humanista, particularmente na crença de que os seres humanos possuem uma tendência inata ao crescimento e à autorrealização (Rogers, 2003). Essa tendência, no entanto, é frequentemente inibida por fatores sociais, culturais e psicológicos, que impedem a plena expressão do potencial humano.

Rogers postulou que, em um ambiente de aceitação incondicional e compreensão empática, os indivíduos podem superar suas defesas e ansiedades, revelando suas verdadeiras necessidades e desejos. Nos grupos de encontro, isso é facilitado por uma atmosfera de abertura e autenticidade, na qual cada participante é incentivado a ser genuíno em suas interações. Rogers (2017) destacou que essa autenticidade é crucial para o desenvolvimento de relações interpessoais saudáveis e para o crescimento psicológico.

Além disso, a escuta ativa e empática atua significativamente no processo de transformação dentro dos grupos de encontro. Rogers (1994) observou que, ao serem ouvidos de maneira atenta e sem julgamentos, os participantes começam a se sentir aceitos, o que lhes permite explorar sentimentos antes reprimidos. Esse processo de autoexploração é visto como catalisador para mudanças profundas, tanto no nível individual quanto no coletivo.

O processo de transformação dentro dos grupos de encontro pode ser descrito como uma jornada de autodescoberta e autocompreensão. Os participantes entram no grupo frequentemente com sentimento de insegurança, medo ou relutância em revelar aspectos de si mesmos que consideram vulneráveis. Contudo, à medida que a confiança no grupo se desenvolve, eles se sentem mais à vontade para expressar suas emoções genuínas (Rogers, 1994).

Rogers (2017) argumentou que, ao longo do tempo, essa honestidade emocional leva os indivíduos a desenvolverem uma maior autocompreensão e aceitação de si mesmos. Esse crescimento pessoal é frequentemente acompanhado por uma mudança na forma como os participantes se relacionam com os outros. Eles começam a se tornar mais empáticos, compreensivos e abertos em suas interações interpessoais, o que reflete diretamente a experiência de aceitação e apoio que recebem no grupo.

Além disso, o processo de transformação nos grupos de encontro não se limita ao indivíduo. Rogers (2003) acreditava que o grupo, como um todo, passa por um processo de crescimento e coesão. À medida que os membros do grupo se tornam mais abertos e vulneráveis, seu ambiente se torna mais acolhedor e solidário. Esse fenômeno cria um ciclo de *feedback* positivo, em que o apoio mútuo entre os participantes promove ainda mais autodescoberta e crescimento emocional.

O impacto dos grupos de encontro vai além do crescimento pessoal dos indivíduos. Muitos participantes relatam que a experiência nos grupos teve um efeito transformador em suas vidas profissionais, melhorando suas habilidades de comunicação, empatia e resolução de conflitos (Rogers, 2017). Essas habilidades são especialmente valiosas em ambientes de trabalho, em que a colaboração e a compreensão mútua são essenciais para o sucesso organizacional.

Rogers (1994) observou que os grupos de encontro também podem ser uma ferramenta poderosa para líderes e gestores que desejam criar ambientes de trabalho mais inclusivos e colaborativos. Ao participar desses grupos, os líderes podem desenvolver uma compreensão mais profunda das necessidades e preocupações de seus colaboradores, o que lhes permite tomar decisões mais empáticas e fundamentadas. Além disso, o próprio ambiente de trabalho pode se beneficiar da aplicação dos princípios dos grupos de encontro, promovendo um clima de abertura e confiança entre os funcionários.

Apesar dos muitos benefícios relatados, os grupos de encontro também enfrentam críticas e limitações. Uma das principais preocupações levantadas por críticos é a falta de estrutura formal nesses grupos. Como o foco está na autoexpressão e na exploração emocional, alguns participantes podem sentir que não estão recebendo orientação suficiente para lidar com questões psicológicas profundas que emergem durante o processo (Rogers, 2003). Isso pode ser especialmente problemático para indivíduos com transtornos mentais graves, que podem precisar de um acompanhamento mais estruturado e terapêutico.

Outra crítica é que os grupos de encontro, por serem tão focados na autenticidade e na expressão emocional, podem, em alguns casos, desencadear conflitos ou tensões entre os participantes. Rogers (1994) reconheceu essa possibilidade, mas argumentou que esses conflitos, quando tratados de maneira aberta e honesta, podem levar a uma compreensão mais profunda e a uma resolução saudável.

Os grupos de encontro, como concebidos por Carl R. Rogers, continuam a ser uma prática valiosa para aqueles que buscam crescimento pessoal e desenvolvimento emocional. Embora não estejam isentos de críticas, os benefícios dessa abordagem, especialmente no que diz respeito à promoção da autenticidade e da empatia, são amplamente reconhecidos. Ao proporcionar um espaço seguro e acolhedor para a exploração emocional, os grupos de encontro permitem que os indivíduos se conectem de maneira mais profunda consigo mesmos e com os outros, promovendo um crescimento pessoal e interpessoal significativo.

O legado de Rogers nesse campo permanece vivo, influenciando diversas práticas terapêuticas e organizacionais. Seu trabalho com os grupos de encontro destaca a importância de ambientes acolhedores e sem julgamentos para a promoção do potencial humano, e seu impacto pode ser sentido em várias esferas da vida moderna, desde a terapia até o ambiente de trabalho (Rogers, 2017).

### 5.2.1 Aplicações dos Grupos de Encontro de Carl R. Rogers

A aplicação prática dos grupos de encontros baseados nas ideias de Carl Rogers, também chamados de "grupos de encontro" ou "grupos de crescimento", envolve uma abordagem centrada na pessoa que busca promover o desenvolvimento pessoal, a compreensão e o crescimento emocional dos participantes. Esses grupos são baseados nos princípios da abordagem humanista, enfatizando a empatia, a congruência e a aceitação incondicional. Aqui estão alguns elementos práticos da aplicação desses grupos:

*Ambiente Seguro e não Julgador*

- Os grupos de encontros de Carl Rogers focam na criação de um ambiente seguro, no qual os participantes

se sentem livres para expressar seus sentimentos, emoções e experiências sem medo de julgamento.
- O facilitador ou líder do grupo tem o papel de garantir que a atmosfera seja acolhedora e inclusiva.

## Facilitação Centrada na Pessoa

- O papel do facilitador não é dirigir ou conduzir o grupo de forma autoritária, mas sim facilitar as interações de maneira não diretiva, promovendo um espaço em que os participantes se sintam ouvidos e compreendidos.
- O facilitador age com empatia e congruência, ou seja, com autenticidade, sendo ele mesmo dentro do grupo.

## Processo de Autodescoberta

- Os participantes têm a oportunidade de explorar seus próprios sentimentos e emoções em um contexto de apoio, o que pode levar a uma maior autocompreensão.
- Por meio do compartilhamento e da escuta ativa, cada pessoa pode se beneficiar da reflexão sobre suas próprias experiências e as dos outros.

## Enfoque no Aqui e Agora

- Os grupos tendem a focar nas experiências presentes dos indivíduos, incentivando os participantes a estarem plenamente conscientes e abertos aos sentimentos e pensamentos que surgem durante o encontro.
- Essa abordagem ajuda a criar uma conexão mais profunda entre os participantes.

*Promoção de Mudanças Pessoais*

- Os grupos de encontro podem ser transformadores para os indivíduos, ajudando-os a superar bloqueios emocionais, a desenvolver uma maior aceitação de si mesmos e a construir relacionamentos interpessoais mais autênticos.
- O foco está no crescimento pessoal e no desenvolvimento da autoaceitação, o que pode ter impactos positivos em diferentes áreas da vida dos participantes.

*Espaço de Interação e Reflexão*

- As sessões de grupo podem ser usadas para discutir questões emocionais, relacionais ou até mesmo profissionais, dependendo do foco do grupo.
- A interação entre os participantes cria um espaço para reflexão coletiva, ajudando a construir uma compreensão mais profunda dos outros e de si mesmos.

*Aplicações Práticas*

- **Ambiente clínico:** pode ser usado em psicoterapia de grupo, em que indivíduos com dificuldades emocionais se beneficiam de um espaço de aceitação e compreensão mútua.
- **Organizações:** algumas empresas utilizam esses grupos para promover o crescimento pessoal e a colaboração entre os funcionários, ajudando a melhorar a comunicação e a reduzir conflitos.
- **Educação:** grupos de encontro podem ser usados em contextos educacionais, ajudando estudantes e

professores a desenvolverem habilidades de comunicação e resolução de conflitos.
- **Comunidades:** pode ser usado para promover o bem-estar emocional e a coesão em grupos comunitários, ajudando a construir um senso de pertencimento e empatia entre os membros.

## 5.3  Terapia de Grupo-Analítica

A terapia grupo-analítica é uma abordagem terapêutica que integra conceitos da psicanálise e das dinâmicas de grupo, oferecendo um espaço no qual os indivíduos podem compartilhar experiências e refletir sobre si mesmos por meio das interações com outros. Fundada por S. H. Foulkes, psiquiatra e psicanalista britânico, essa modalidade terapêutica utiliza o grupo como o principal agente terapêutico, entendendo que o indivíduo é um ser social e que suas dificuldades psicológicas se manifestam e podem ser tratadas de forma mais eficaz nesse contexto social (Foulkes, 2018).

O cerne da teoria grupo-análise repousa sobre a premissa de que os seres humanos são inerentemente sociais e interdependentes. As interações que ocorrem dentro do grupo terapêutico refletem, de forma microcósmica, as dinâmicas que os indivíduos vivenciam em suas vidas cotidianas. Foulkes (2018) propôs que os membros do grupo projetam no coletivo suas dificuldades e ansiedades internas, enquanto, simultaneamente, se beneficiam do *feedback* e das reflexões dos outros participantes. Essa interação facilita a elaboração de conflitos inconscientes, proporcionando oportunidades de *insight* e crescimento psicológico.

As teorias de Foulkes também dialogam com a concepção psicanalítica de inconsciente coletivo, influenciada por Carl Jung, e com os estudos de Kurt Lewin sobre dinâmicas de grupo, os quais postulam que os comportamentos individuais são moldados pelos campos sociais nos quais os sujeitos estão inseridos (Lewin; Cartwright, 1951). Essa perspectiva entende que o grupo é mais do que a soma de seus membros, funcionando como um campo dinâmico em que as trocas simbólicas e emocionais facilitam processos de cura psicológica.

A sessão de terapia grupo-analítica, geralmente composta por 6 a 12 membros, oferece um ambiente em que as tensões e as ansiedades são progressivamente elaboradas, à medida que os indivíduos estabelecem vínculos de confiança e segurança. As sessões não seguem um roteiro fixo; pelo contrário, os membros são incentivados a falar livremente, explorando seus pensamentos e sentimentos sem uma ordem predeterminada (Neri, 2003). Essa liberdade promove a espontaneidade e a emergência de questões inconscientes.

A transferência, um conceito central na psicanálise, também desempenha um papel significativo na teoria grupo-análise. Aqui, porém, a transferência não é direcionada exclusivamente ao terapeuta, mas sim ao grupo como um todo. Os membros projetam em outros participantes ou no grupo coletivo as figuras significativas de seu passado, reproduzindo padrões de relacionamento que podem ser observados e discutidos no *setting* terapêutico (Foulkes, 2018).

Esse fenômeno transferencial, por sua vez, é moderado pelo terapeuta, que atua como facilitador e interpretador das dinâmicas emergentes, ajudando os membros a reconhecerem e a elaborarem esses padrões de relacionamento (Pines, 1983). É importante destacar que, na teoria grupo-análise, o terapeuta adota uma postura mais neutra e menos interventiva do que em outras formas de terapia de grupo, permitindo que o próprio grupo desempenhe um papel mais ativo no processo terapêutico.

O terapeuta grupo-analista atua mais como um catalisador e observador das interações do que como um diretor. Sua função principal é fomentar a comunicação dentro do grupo e interpretar as dinâmicas inconscientes que surgem, sempre buscando favorecer a coesão grupal e a percepção das ligações intersubjetivas entre os membros (Schneider; Weinberg, 2003). O analista evita assumir um papel de autoridade, preferindo deixar que o grupo desenvolva sua própria sabedoria coletiva, enquanto observa atentamente as transferências e as resistências que podem surgir.

A postura não diretiva do terapeuta é um aspecto essencial na teoria grupo-análise. Isso contrasta com abordagens mais tradicionais, em que o terapeuta pode ser visto como uma figura de autoridade ou como um guia direto para os pacientes. Na grupo-análise, o terapeuta evita fornecer soluções prontas ou interpretações rápidas, incentivando os membros a encontrarem suas próprias respostas dentro da experiência coletiva (Behr; Hearst, 2008).

No contexto grupo-analítico, o inconsciente é visto como um fenômeno individual e grupal. As interações entre os membros do grupo revelam uma rede de significados inconscientes compartilhados, que emergem por meio de fenômenos como a transferência, a contratransferência e a identificação projetiva (Sharf, 2000). Foulkes enfatizava que esses processos inconscientes grupais são tão importantes quanto os individuais no processo terapêutico.

Por exemplo, um membro do grupo pode expressar uma ansiedade ou uma emoção que ressoa em outros membros de maneiras não verbais ou inconscientes. O grupo pode então funcionar como um espelho, refletindo de volta ao indivíduo aspectos de si mesmo que ele não consegue perceber de forma consciente. Esse processo de reflexão coletiva, segundo Yalom e Leszcz (2020), é crucial para a elaboração de conflitos psíquicos e para o desenvolvimento da autoconsciência.

Além disso, o conceito de "matriz grupal" proposto por Foulkes (2018) é central para a compreensão da dinâmica grupo-analítica. A matriz grupal refere-se ao campo de interações inconscientes compartilhadas que permeiam o grupo e constituem a base para a comunicação e a coesão entre os membros. Essa matriz é formada pelas experiências passadas dos participantes, suas fantasias inconscientes e os processos de comunicação simbólica que ocorrem durante as sessões.

Uma das principais vantagens da terapia grupo-analítica é a sua capacidade de proporcionar aos indivíduos uma oportunidade de explorar e resolver conflitos em um ambiente social controlado. No grupo, os participantes podem experimentar novas formas de relacionamento e testar diferentes modos de interação, sem o risco de consequências negativas imediatas (Neri, 2003). Essa experimentação é fundamental para o desenvolvimento de habilidades sociais e emocionais que podem ser transferidas para fora do *setting* terapêutico.

Contudo, a terapia grupo-análise também apresenta desafios. A exposição a um grupo pode gerar ansiedade em alguns indivíduos, especialmente aqueles com dificuldades em lidar com a crítica ou a rejeição. Além disso, as dinâmicas grupais podem, por vezes, amplificar certos conflitos internos, fazendo com que alguns membros se sintam sobrecarregados ou retraídos (Pines, 1983). Nesses casos, o papel do terapeuta é fundamental para assegurar que o ambiente grupal permaneça seguro e acolhedor para todos os participantes.

Outra crítica frequentemente levantada em relação à terapia grupo-analítica é o tempo necessário para que os efeitos terapêuticos sejam percebidos. Como se trata de um processo mais indireto e dependente das interações entre os membros, os resultados podem demorar mais a emergir, em comparação com terapias individuais ou mesmo outras modalidades de terapia de grupo mais estruturadas (Behr; Hearst, 2008). No entanto, defensores da abordagem argumentam que os resultados, quando alcançados, tendem a ser mais profundos e duradouros, uma vez que envolvem uma transformação fundamental nas formas de relacionamento e na percepção de si mesmo.

Nos últimos anos, a terapia grupo-analítica tem se expandido para novos contextos e populações, sendo aplicada não apenas em clínicas e hospitais psiquiátricos, mas também em ambientes organizacionais e comunitários. Essa expansão reflete a crescente compreensão de que os grupos podem ser ferramentas poderosas para a resolução de problemas sociais e psicológicos (Pines, 1983).

Em contextos organizacionais, por exemplo, a grupo-análise tem sido utilizada para melhorar a comunicação entre equipes, resolver conflitos interpessoais e promover uma cultura de trabalho mais colaborativa. Já em ambientes comunitários, a terapia tem sido aplicada para abordar questões como exclusão social, estresse pós-traumático e abuso de substâncias (Neri, 2003). Esses desenvolvimentos apontam para o potencial transformador da grupo-análise, tanto no nível individual quanto no coletivo.

A terapia grupo-analítica oferece uma abordagem única e poderosa para o tratamento de problemas psicológicos, focando nas interações sociais e nas dinâmicas inconscientes que ocorrem dentro de um grupo. Embora essa forma de terapia possa exigir tempo e paciência, seus resultados profundos e duradouros a tornam uma escolha eficaz para muitos pacientes. Ao promover a autoconsciência e a reflexão por meio das interações grupais, a grupo-análise ajuda os indivíduos a resolverem seus conflitos internos e os prepara para uma vida social mais plena e saudável.

## 5.4 Terapia Cognitivo-Comportamental de Grupos (TCC-G)

A TCC tem se consolidado como uma das abordagens mais eficazes no tratamento de diversas condições psicológicas, e sua aplicação em grupos oferece um contexto único de intervenção, maximizando benefícios ao fornecer um ambiente de apoio mútuo. A TCC-G permite que os pacientes se beneficiem tanto das técnicas cognitivas e comportamentais tradicionais quanto das interações interpessoais proporcionadas por esse formato. Segundo Wright *et al*. (2018), a terapia de grupo oferece uma oportunidade para que os indivíduos compartilhem experiências, o que facilita a normalização de seus problemas e o desenvolvimento de novas perspectivas.

A base da TCC em grupos é semelhante à da TCC individual, focando na reestruturação cognitiva, no desenvolvimento de habilidades de enfrentamento e na modificação de comportamentos disfuncionais. No entanto, o trabalho em grupo apresenta características únicas, como a interação entre os membros, que pode acelerar o processo de aprendizado e mudança. Para Bieling, McCabe e Antony (2009), o contexto grupal oferece um "laboratório social" em que os participantes podem experimentar novas formas de interação e receber *feedback* em tempo real dos outros membros. Além disso, a observação das dificuldades e dos sucessos alheios pode inspirar e motivar os indivíduos a persistirem no processo terapêutico.

Outro ponto relevante da TCC-G é a eficácia no uso de psicoeducação, uma vez que o terapeuta pode educar simultaneamente diversos pacientes sobre seus transtornos e estratégias de enfrentamento. Beck (2013) reforça a importância da psicoeducação na TCC, afirmando que, quando os pacientes compreendem o funcionamento de seus pensamentos automáticos e crenças centrais, tornam-se mais habilitados a identificar e a modificar padrões disfuncionais.

A TCC-G oferece várias vantagens, entre elas a possibilidade de fornecer tratamento a um número maior de pessoas, otimizando o tempo dos terapeutas e aumentando o acesso à terapia para pacientes que, de outra forma, poderiam não ter suporte. Neufeld e Rangé (2017) destacam que a TCC em grupos é particularmente eficaz no tratamento de transtornos como depressão e ansiedade, pois os pacientes se beneficiam ao perceber que não estão sozinhos em suas lutas. Esse sentimento de pertencimento e apoio mútuo é um dos principais diferenciais dessa abordagem.

No entanto, a TCC em grupos também apresenta desafios específicos. A dinâmica grupal pode gerar resistências, como medo de exposição ou de julgamento, especialmente em participantes que lidam com questões de autoestima e vergonha. Para minimizar esses problemas, é fundamental que o terapeuta tenha habilidades específicas na condução de grupos, criando um ambiente de confiança e segurança para que todos se sintam confortáveis em compartilhar suas experiências. Neufeld (2015) aponta que a coesão grupal é um fator determinante para o sucesso da terapia em grupo, e o terapeuta tem um papel central na facilitação desse processo.

Outro desafio relevante é o de garantir que o ritmo de progressão da terapia atenda a todos os membros do grupo. Como os indivíduos apresentam diferentes níveis de compreensão e diferentes ritmos de mudança, o terapeuta deve equilibrar as necessidades individuais com o progresso grupal. Knapp (2009) reforça que a flexibilidade do terapeuta é essencial para adaptar intervenções que atendam tanto às necessidades coletivas quanto às individuais.

A estrutura dos grupos em TCC geralmente segue um formato semiestruturado, com sessões semanais de uma a duas horas de duração. Cada sessão aborda um tema central, como reestruturação cognitiva, resolução de problemas, ou habilidades de enfrentamento. Além disso, atividades como a aplicação de tarefas de casa e a prática de técnicas de exposição são comuns. Wright *et al*. (2018) destacam que as tarefas para casa são uma parte essencial da TCC, permitindo que os participantes apliquem as habilidades aprendidas nas sessões em seu cotidiano.

Um aspecto importante da condução de grupos na TCC é a criação de um contrato terapêutico claro, que inclui regras de convivência, confidencialidade e participação ativa. Segundo Wainer *et al*. (2015), o estabelecimento de regras claras desde o início ajuda a evitar conflitos e mantém o foco terapêutico, ao mesmo tempo que promove um ambiente de respeito e colaboração.

A interação entre os membros do grupo é uma das principais ferramentas terapêuticas. Durante as sessões, os participantes são incentivados a compartilhar suas experiências, fornecer *feedback* e apoiar uns aos outros no desenvolvimento de novas estratégias de enfrentamento. Wenzel (2018) argumenta que a diversidade de perspectivas dentro de um grupo pode proporcionar *insights* valiosos, enriquecendo o processo terapêutico.

Diversos estudos têm demonstrado a eficácia da TCC em grupos para uma ampla gama de transtornos, incluindo depressão, ansiedade, transtornos alimentares e estresse pós-traumático (TEPT). De acordo com Dobson e Dobson (2009), a TCC em grupo se destaca pelo seu embasamento em evidências científicas, o que a torna uma escolha preferencial em muitos contextos clínicos.

A TCC-G também tem sido eficaz na redução dos custos de tratamento, uma vez que permite que mais indivíduos sejam tratados simultaneamente. Neufeld e Rangé (2017) afirmam que essa abordagem é particularmente útil em contextos de saúde pública, em que a demanda por tratamento muitas vezes supera a capacidade de atendimento individualizado.

Nos últimos anos, diversas inovações têm sido introduzidas na TCC de grupos, aumentando sua eficácia e expandindo suas aplicações. Uma dessas inovações é a incorporação de técnicas baseadas em *mindfulness* e aceitação. Segundo Wenzel (2018), elas podem complementar as intervenções cognitivas tradicionais, ajudando os pacientes a desenvolverem uma maior capacidade de tolerância ao desconforto emocional e a cultivarem uma postura de aceitação em relação a seus pensamentos e sentimentos.

Outra inovação importante é o uso da Terapia Focada em Esquemas dentro do contexto grupal, especialmente em casos de transtornos de personalidade. Wainer *et al.* (2015) explicam que essa abordagem, que combina técnicas cognitivas, comportamentais e emocionais, permite trabalhar crenças disfuncionais mais profundas, ajudando os pacientes a identificarem e modificarem padrões de comportamento enraizados desde a infância.

A TCC-G oferece um conjunto robusto de ferramentas para o tratamento de uma variedade de transtornos psicológicos. Ao combinar os princípios da TCC com a dinâmica de grupo, essa abordagem permite que os pacientes se beneficiem tanto das intervenções cognitivas quanto do apoio social proporcionado pelo grupo. No entanto, é fundamental que os terapeutas estejam preparados para lidar com os desafios específicos dessa modalidade, como a gestão de conflitos e a facilitação de uma coesão grupal eficaz. Com a constante evolução das técnicas e a incorporação de novas abordagens, como *mindfulness* e a terapia focada em esquemas, a TCC de grupos continua a se expandir e a oferecer novas possibilidades para a prática clínica.

### 5.4.1 Aplicação Prática da TCC-G

A aplicação prática da TCC-G envolve a adaptação das técnicas tradicionais de TCC ao contexto grupal, o que exige um conhecimento aprofundado tanto das intervenções específicas quanto das dinâmicas grupais. A seguir, exploramos como a TCC-G é aplicada na prática, desde a formação dos grupos até a condução das sessões e a avaliação dos resultados.

### *Formação e Estruturação dos Grupos*

A formação de grupos para a TCC-G começa com a seleção dos participantes e a definição dos objetivos do grupo. Eles podem ser formados com base em diagnóstico, como transtornos de ansiedade ou depressão, ou podem ser mais gerais, como os de habilidades sociais. A escolha do tipo de grupo dependerá das necessidades dos participantes e dos objetivos terapêuticos estabelecidos.

1. **Seleção dos Participantes**

    A seleção dos participantes é uma etapa crucial. É importante garantir que os membros do grupo tenham características e problemas que permitam uma interação produtiva. O processo de triagem pode incluir entrevistas individuais, questionários e avaliações diagnósticas para assegurar a compatibilidade e a adequação dos participantes ao grupo. Bieling, McCabe e Antony (2009) destacam que uma boa adequação entre os membros contribui para a coesão e eficácia do grupo.

2. **Definição dos Objetivos e Estrutura**

    A estrutura do grupo deve ser planejada de acordo com os objetivos terapêuticos. A definição clara de metas e a organização das sessões são fundamentais para o sucesso da terapia. Normalmente, os grupos de TCC-G têm sessões semanais com duração de uma a duas horas, durante as quais são abordados temas específicos e são realizadas atividades práticas. Beck (2013) recomenda que cada sessão tenha um objetivo específico e um plano estruturado, incluindo revisão das tarefas de casa, discussão do tema da semana e exercícios práticos.

*Condução das Sessões*

A condução das sessões em um grupo de TCC envolve uma combinação de técnicas cognitivas e comportamentais aplicadas ao contexto grupal. A habilidade do terapeuta em gerir a dinâmica grupal e facilitar a interação entre os membros é essencial para a eficácia da terapia.

1. **Estabelecimento de Normas e Confidencialidade**

    No início do grupo, é fundamental estabelecer normas e garantir a confidencialidade. As normas podem incluir regras sobre a participação, o respeito mútuo e a privacidade. Neufeld e Rangé (2017) enfatizam que a criação de um ambiente seguro e respeitoso é crucial para que os participantes se sintam confortáveis ao compartilhar suas experiências e vulnerabilidades.

2. **Aplicação de Técnicas de TCC**

    Durante as sessões, o terapeuta aplica técnicas de TCC adaptadas ao contexto grupal. Isso pode incluir a reestruturação cognitiva, na qual os participantes identificam e desafiam pensamentos automáticos disfuncionais, e a exposição gradual, em que enfrentam situações temidas em um ambiente controlado. Wright *et al.* (2018) sugerem o uso de exercícios de *role-playing* e simulações para ajudar os participantes a praticarem novas habilidades em um ambiente grupal.

3. **Facilitação da Interação e *Feedback***

    Um dos principais papéis do terapeuta em um grupo é facilitar a interação entre os membros e promover o *feedback* entre eles. Os participantes são encorajados a compartilhar suas experiências, oferecer suporte e *feedback* construtivo uns aos outros. A troca de experiências e perspectivas pode ser extremamente benéfica, ajudando os participantes a se sentirem menos isolados e a encontrarem novas formas de enfrentar seus problemas. Wenzel (2018) observa que a interação social no grupo pode acelerar o processo de aprendizado e promover a motivação.

## Tarefas de Casa e Prática

As tarefas de casa são uma parte essencial da TCC e desempenham um papel crucial na TCC-G. Elas permitem que os participantes apliquem as habilidades e as técnicas aprendidas nas sessões em sua vida cotidiana.

1. ***Design* e Monitoramento das Tarefas de Casa**

   O terapeuta deve projetar tarefas de casa que sejam relevantes para os temas abordados nas sessões e que desafiem os participantes a aplicarem o que aprenderam. As tarefas devem ser realistas e ajustadas às necessidades individuais de cada participante. Knapp (2009) sugere que as tarefas de casa sejam revisadas em grupo, permitindo que os participantes compartilhem suas experiências e aprendam com os desafios dos outros.

2. **Revisão e Discussão das Tarefas**

   Durante as sessões, o terapeuta deve dedicar tempo para revisar as tarefas de casa, discutir os obstáculos encontrados e celebrar os sucessos. Isso não só ajuda a reforçar o aprendizado, mas também oferece uma oportunidade para resolver dúvidas e ajustar estratégias conforme necessário. Beck (2013) destaca a importância da revisão das tarefas de casa para consolidar o aprendizado e promover o progresso contínuo.

*Avaliação e Ajuste da Terapia*

A avaliação contínua é essencial para garantir a eficácia da TCC-G e para ajustar a abordagem conforme necessário.

1. **Monitoramento do Progresso**

   O progresso dos participantes deve ser monitorado regularmente, utilizando ferramentas como escalas de avaliação e *feedback* dos próprios participantes. Neufeld (2015) sugere que a avaliação do progresso deve ser tanto quantitativa quanto qualitativa, considerando as mudanças nos sintomas e o impacto das intervenções na vida diária dos participantes.

2. **Ajustes e Adaptações**

   Com base na avaliação, o terapeuta pode precisar ajustar a abordagem terapêutica. Isso pode incluir a modificação das técnicas utilizadas, a alteração do ritmo das sessões ou a introdução de novos temas ou exercícios. A flexibilidade é fundamental para atender às necessidades dinâmicas dos participantes e garantir que a terapia continue a ser relevante e eficaz.

A aplicação prática da TCC em grupos exige um entendimento profundo das técnicas cognitivas e comportamentais, bem como habilidades específicas para a condução de grupos. A combinação dessas habilidades permite que os terapeutas criem um ambiente terapêutico eficaz, aproveitando os benefícios do apoio mútuo e da interação social. A TCC-G é uma abordagem poderosa que pode oferecer resultados significativos para uma variedade de condições psicológicas, desde que aplicada com cuidado e atenção às necessidades individuais e grupais.

## REFERÊNCIAS

BECK, J. S. **Terapia cognitivo-comportamental**. Porto Alegre: Artmed Editora, 2013.

BEHR, H.; HEARST, L. **Group-analytic psychotherapy:** a meeting of minds. London: John Wiley & Sons, 2008.

BIELING, P. J.; MCCABE, R. E.; ANTONY, M. M. **Terapia cognitivo-comportamental em grupos**. Porto Alegre: Artmed, 2009.

BION, W. R. **Experiences in groups:** and other papers. London: Routledge, 2003.

BUTLER, A. C. *et al*. The empirical status of cognitive-behavioral therapy: a review of meta-analyses. **Clinical Psychology Review**, v. 26, n. 1, p. 17-31, 2006.

COREY, M. S.; COREY, G.; COREY, C. **Groups:** process and practice. 10. ed. Boston: Cengage Learning, 2018.

DOBSON, D.; DOBSON, K. S. **A terapia cognitivo-comportamental baseada em evidências**. Porto Alegre: Artmed, 2009.

FOULKES, Siegmund Heinz. **Group analytic psychotherapy: method and principles**. London: Routledge, 2018.

FOULKES, S. H. **Therapeutic group analysis**. London: Routledge, 2018.

FOY, D. W.; ERIKSSON, C. B.; TRICE, G. A. Introduction to group interventions for trauma survivors. **Group Dynamics:** theory, research, and practice, v. 5, n. 4, p. 246-261, 2001.

HACKMAN, J. R. **Leading teams:** setting the stage for great performances. Boston: Harvard Business Press, 2002.

KNAPP, P. **Terapia cognitivo-comportamental na prática psiquiátrica**. Porto Alegre: Artmed Editora, 2009.

LEWIN, K.; CARTWRIGHT, D. (Ed.). **Field theory in social science:** selected theoretical papers. New York: Harper, 1951.

MCDERMUT, W.; MILLER, I. W.; BROWN, R. A. The efficacy of group psychotherapy for depression: a meta-analysis and review of the empirical research. **Clinical Psychology:** Science and Practice, v. 8, n. 1, p. 98-116, 2001.

MINUCHIN, S. **Families and family therapy**. London: Routledge, 2018.

NERI, C. Free associations, free flowing discussions and group thought. **Group analysis**, v. 36, n. 3, p. 345-357, 2003.

NEUFELD, C. B. **Terapia cognitivo-comportamental em grupo para crianças e adolescentes**. Porto Alegre: Artmed Editora, 2015.

NEUFELD, C. B.; RANGÉ, B. P. **Terapia cognitivo-comportamental em grupos:** das evidências à prática. Porto Alegre: Artmed Editora, 2017.

OSORIO, L. C. **Grupoterapias:** abordagens atuais. Porto Alegre: Artmed Editora, 2009.

PINES, M. **The evolution of group analysis**. London: Routledge & Kegan Paul, 1983.

ROGERS, C. R. **On becoming a person:** a therapist's view of psychotherapy. Boston: Houghton Mifflin Harcourt, 1995.

ROGERS, C. R. **Terapia centrada no cliente**. Lisboa: Ediual – Editora da Universidade Autónoma de Lisboa, 2003.

ROGERS, C. R. The process equation of psychotherapy. **American journal of psychotherapy**, v. 15, n. 1, p. 27-45, 1961.

ROGERS, C. R. **Tornar-se pessoa**. São Paulo: WMF Martins Fontes, 2017.

ROGERS, C. R.; PROENÇA, J. L. **Grupos de encontro**. São Paulo: Martins Fontes, 1994. p. 165-165.

SCHNEIDER, S.; WEINBERG, H. **The large group re-visited:** the herd, primal horde, crowds and masses. London: Jessica Kingsley Publishers, 2003.

SHARF, R. S. **Theories of psychotherapy and counseling:** concepts and cases. Pacific Grove, CA: Brooks/Cole, 2000.

SMITH, P. K.; PEPLER, D.; RIGBY, K. (Ed.). **Bullying in schools:** how successful can interventions be?. Cambridge: Cambridge University Press, 2004.

VELASQUEZ, M. M. *et al.* **Group treatment for substance abuse:** a stages-of-change therapy manual. New York: Guilford Publications, 2015.

WAINER, R. *et al.* **Terapia cognitiva focada em esquemas**. Porto Alegre: Artmed, 2015.

WENZEL, A. **Inovações em terapia cognitivo-comportamental:** intervenções estratégicas para uma prática criativa. Porto Alegre: Artmed, 2018.

WRIGHT, J. H. *et al.* **Aprendendo a terapia cognitivo-comportamental:** um guia ilustrado. Porto Alegre: Artmed, 2018.

YALOM, I. D. **Os desafios da terapia**. Rio de Janeiro: Ediouro, 2006.

YALOM, I. D.; LESZCZ, M. **The theory and practice of group psychotherapy**. New York: Basic Books, 2020.

YALOM, I. D.; CROUCH, E. C. The theory and practice of group psychotherapy. **The British Journal of Psychiatry**, v. 157, n. 2, p. 304-306, 1990.

ZIMERMAN, D. E. **Grupoterapia psicanalítica.** Como trabalhamos com grupos. Porto Alegre: Artes Médicas, 1997.

ZIMERMAN, D. E. **Fundamentos básicos das grupoterapias**. Porto Alegre: Artmed Editora, 2009.

# CAPÍTULO 6

## PROPOSTAS PRÁTICAS DE INTERVENÇÕES GRUPAIS

### 6.1 TCC

*Objetivo*

A Terapia de Grupo Cognitivo-Comportamental visa identificar e modificar pensamentos e comportamentos disfuncionais em um ambiente grupal, promovendo mudanças positivas na forma como os participantes percebem e reagem a situações desafiadoras.

*Público-alvo*

Indivíduos que enfrentam dificuldades emocionais e comportamentais, como depressão, ansiedade, estresse ou transtornos relacionados.

*Estrutura da intervenção*

1. **Avaliação Inicial**
    » **Objetivo:** identificar as necessidades e preocupações dos participantes, além de avaliar a presença de padrões de pensamento e comportamento disfuncionais.

» **Métodos:** entrevistas individuais, questionários e escalas de avaliação psicológica.

2. **Sessões de Terapia de Grupo**
    » **Frequência:** Semanal
    » **Duração:** 90 minutos por sessão
    » **Número de Sessões:** 12 a 16 sessões

*Formato da sessão*

1. **Abertura e revisão:** revisão dos tópicos da sessão anterior e discussão de qualquer progresso ou desafios.
2. **Educação psicoeducacional:** introdução e revisão de conceitos da TCC, como a relação entre pensamentos, emoções e comportamentos.
3. **Atividades e exercícios:** atividades práticas para identificar e desafiar pensamentos disfuncionais e modificar comportamentos. Exemplos incluem registro de pensamentos, reestruturação cognitiva e experimentos comportamentais.
4. **Discussão em grupo:** compartilhamento de experiências e feedback entre os participantes, facilitando a aprendizagem e apoio mútuo.
5. **Planejamento de tarefas para casa:** designação de tarefas e exercícios para serem realizados entre as sessões.

### Desenvolvimento de habilidades

- **Objetivo:** ajudar os participantes a desenvolverem habilidades práticas para gerenciar seus pensamentos e comportamentos disfuncionais.
- **Métodos:** treinamento em habilidades de resolução de problemas, técnicas de relaxamento e estratégias de enfrentamento.

### Monitoramento e avaliação

- **Objetivo:** avaliar o progresso dos participantes e a eficácia da intervenção.
- **Métodos:** avaliações periódicas por meio de questionários, autorrelatos e *feedback* dos participantes. Ajustes na intervenção serão feitos com base nas necessidades identificadas.

### Encerramento e continuidade

- **Objetivo:** facilitar a transição dos participantes para a manutenção dos ganhos obtidos durante a terapia.
- **Métodos:** sessão final dedicada à revisão dos aprendizados, estratégias de manutenção e planejamento para o futuro. Oferecer recursos e apoio contínuo, se necessário.

*Recursos necessários*

- **Facilitadores:** psicólogos ou terapeutas treinados em TCC e com experiência em conduzir grupos.
- **Materiais:** manuais de TCC, questionários de avaliação, materiais para atividades práticas.
- **Espaço:** ambiente adequado para reuniões em grupo, que seja confortável e livre de distrações.

*Resultados esperados*

- Redução de sintomas de ansiedade e depressão.
- Melhoria na capacidade de identificar e desafiar pensamentos disfuncionais.
- Desenvolvimento de habilidades práticas para enfrentar desafios emocionais e comportamentais.
- Aumento do suporte social e sensação de pertencimento por meio da interação grupal.

*Conclusão*

A TCC-G oferece um ambiente estruturado e colaborativo para ajudar os participantes a superarem dificuldades emocionais e comportamentais, promovendo mudanças duradouras e positivas em suas vidas.

## 6.2 Treinamento de Habilidades Sociais

*Objetivo geral*

Desenvolver e aprimorar habilidades interpessoais dos participantes, incluindo comunicação eficaz e resolução de conflitos, para melhorar suas interações sociais e profissionais.

## Contexto e justificativa

A habilidade de se comunicar eficazmente e resolver conflitos é essencial tanto em contextos pessoais quanto em profissionais. Muitas vezes, indivíduos enfrentam desafios em interações sociais devido à falta de habilidades específicas ou ao desconhecimento de técnicas adequadas para lidar com situações de conflito. Este treinamento visa proporcionar aos participantes ferramentas e práticas que podem ser aplicadas no dia a dia para promover relacionamentos mais saudáveis e produtivos.

## Público-alvo

Indivíduos que desejam melhorar suas habilidades interpessoais, incluindo profissionais em ambientes corporativos, estudantes ou grupos comunitários.

## Estrutura do treinamento

- **Duração e Frequência:**
  **Duração Total:** 8 sessões
  **Duração de Cada Sessão:** 2 horas
  **Frequência:** Semanal
- **Metodologia:**
  **Sessões Teóricas:** apresentação de conceitos e teorias sobre comunicação e resolução de conflitos.
  **Dinâmicas de Grupo:** atividades práticas para aplicar os conceitos em situações simuladas.
  *Role-Playing*: simulações de cenários reais para praticar habilidades em um ambiente controlado.
  **Discussões em Grupo:** reflexões e *feedback* sobre as dinâmicas e *role-playing*.

**Exercícios Individuais:** tarefas para aplicação dos conceitos fora das sessões.

## Conteúdo programático

**Sessão 1: Introdução às Habilidades Sociais**
- » Definição e importância das habilidades interpessoais.
- » Identificação de habilidades atuais e áreas para desenvolvimento.

**Sessão 2: Comunicação Eficaz – Parte 1**
- » Componentes da comunicação eficaz.
- » Técnicas de escuta ativa e *feedback* construtivo.

**Sessão 3: Comunicação Eficaz – Parte 2**
- » Expressão clara e assertiva.
- » Barreiras comuns à comunicação e como superá-las.

**Sessão 4: Resolução de Conflitos – Parte 1**
- » Tipos de conflitos e suas causas.
- » Técnicas de resolução de conflitos e negociação.

**Sessão 5: Resolução de Conflitos – Parte 2**
- » Aplicação de técnicas em situações simuladas.
- » Estratégias de mediação e construção de consenso.

**Sessão 6: Empatia e Inteligência Emocional**
- » Conceitos de empatia e sua importância.
- » Desenvolvimento da inteligência emocional em interações sociais.

**Sessão 7: Aplicação Prática – *Role-Playing***

» Simulações de cenários para prática de habilidades aprendidas.

» *Feedback* e ajustes nas abordagens utilizadas.

**Sessão 8: Avaliação e Planejamento Futuro**

» Avaliação das habilidades adquiridas e progresso individual.

» Desenvolvimento de um plano de ação para aplicação contínua das habilidades no dia a dia.

1. **Materiais e Recursos**

    *Slides* e material de apoio sobre comunicação e resolução de conflitos.

    Ferramentas para *role-playing* e dinâmicas de grupo.

    Questionários para avaliação de progresso e *feedback*.

2. **Avaliação do Programa**

    ***Feedback* dos participantes:** coleta de *feedback* ao final de cada sessão para ajustes contínuos.

    **Avaliação final:** questionário para medir o progresso e o impacto das habilidades desenvolvidas.

    **Relatório de avaliação:** análise dos resultados e recomendações para futuras intervenções.

## Considerações Finais

Esse programa visa proporcionar um ambiente seguro e estruturado para o desenvolvimento de habilidades interpessoais.

Por meio da prática e da reflexão, os participantes estarão mais bem preparados para enfrentar desafios comunicativos e resolver conflitos de maneira eficaz.

## 6.3 Grupo de Apoio para Gestão de Estresse

### Objetivo

O Grupo de Apoio para Gestão de Estresse visa oferecer suporte emocional e prático para indivíduos que enfrentam níveis elevados de estresse. A intervenção se concentrará em técnicas e estratégias para lidar com o estresse e promover o bem-estar emocional, contribuindo para a melhoria da qualidade de vida dos participantes.

### Público-alvo

Indivíduos que experienciam estresse significativo em suas vidas pessoais ou profissionais, incluindo estudantes, trabalhadores e profissionais de diversas áreas.

### Estrutura dos encontros

1. **Número de Encontros:** 8 sessões
2. **Duração de cada Sessão:** 90 minutos
3. **Frequência:** Semanal
4. **Formato:** Presencial ou *online*

## Conteúdo das sessões

### Sessão 1: Introdução ao Estresse e seus Efeitos
» Definição de estresse e suas causas.
» Efeitos físicos e emocionais do estresse.
» Autoavaliação do nível de estresse dos participantes.

### Sessão 2: Técnicas de Respiração e Relaxamento
» Exercícios de respiração profunda.
» Técnicas de relaxamento muscular progressivo.
» Práticas guiadas de meditação.

### Sessão 3: Gerenciamento do Tempo e Prioridades
» Técnicas para melhorar a gestão do tempo.
» Estratégias para estabelecer prioridades e evitar sobrecarga.
» Ferramentas para planejamento e organização.

### Sessão 4: Desenvolvimento da Resiliência
» Conceito de resiliência e como desenvolvê-la.
» Estratégias para enfrentar e superar desafios.
» Práticas para fortalecer a mentalidade positiva.

### Sessão 5: Técnicas de *Mindfulness*
» Introdução ao *mindfulness* e seus benefícios.
» Práticas de *mindfulness* para o cotidiano.
» Aplicação de técnicas em situações estressantes.

### Sessão 6: Comunicação Eficaz e Resolução de Conflitos
» Importância da comunicação na gestão do estresse.
» Técnicas para uma comunicação assertiva.

» Estratégias para resolver conflitos de maneira construtiva.

**Sessão 7: Estabelecimento de Metas e Autocuidado**
» Definição de metas realistas e alcançáveis.
» Importância do autocuidado e práticas recomendadas.
» Criação de um plano pessoal de autocuidado.

**Sessão 8: Revisão e Planejamento Futuro**
» Revisão das técnicas e estratégias aprendidas.
» Discussão sobre a aplicação prática no cotidiano.
» Planejamento de passos futuros e manutenção dos progressos.

*Metodologia*

- **Dinâmicas de grupo:** atividades interativas para promover a participação ativa e o compartilhamento de experiências.
- **Exercícios práticos:** técnicas aplicáveis para o dia a dia dos participantes.
- **Discussões e reflexões:** espaço para reflexão sobre experiências pessoais e troca de estratégias.
- **Materiais de apoio:** folhetos, guias e recursos adicionais serão fornecidos para reforçar o aprendizado.

*Facilitadores*

Psicólogos ou profissionais de saúde mental com experiência em gestão do estresse e técnicas de intervenção grupal.

## Avaliação

- **Feedback dos participantes:** questionários e discussões para avaliar a eficácia das sessões e identificar áreas de melhoria.
- **Autoavaliação:** avaliação contínua do nível de estresse dos participantes e dos impactos percebidos.

## Recursos necessários

- **Espaço:** sala adequada para as sessões presenciais ou plataforma de videoconferência para encontros *online*.
- **Materiais:** folhetos informativos, materiais para dinâmicas, equipamentos para práticas de *mindfulness* e relaxamento.

## Conclusão

Esse Grupo de Apoio para Gestão de Estresse proporcionará aos participantes ferramentas e técnicas para manejar o estresse de maneira eficaz, promovendo um ambiente de apoio e crescimento pessoal. A intervenção busca não apenas aliviar o estresse imediato, mas também equipar os indivíduos com habilidades para enfrentar futuros desafios emocionais.

## 6.4 Práticas de Atenção Plena e Meditação para Melhorar a Saúde Mental e Emocional

### Objetivo

Promover a saúde mental e emocional dos participantes por meio de práticas grupais de atenção plena (*mindfulness*) e meditação, visando reduzir o estresse, aumentar o bem-estar geral e melhorar a qualidade de vida.

## Público-alvo

Grupos de adultos em ambientes corporativos, educacionais ou comunitários que buscam melhorar sua saúde mental e emocional.

**Duração:** 8 semanas, com sessões semanais de 1 hora.

## Estrutura da intervenção

1. **Introdução ao *Mindfulness* (Semana 1):**

    » **Objetivo:** apresentar os conceitos básicos de *mindfulness* e seus benefícios para a saúde mental.

    » **Atividades:** explicação teórica, discussões em grupo sobre expectativas e experiências prévias, prática de uma breve meditação guiada.

2. ***Mindfulness* no Dia a Dia (Semana 2):**

    » **Objetivo:** ensinar técnicas de *mindfulness* que podem ser incorporadas na rotina diária.

    » **Atividades:** exercícios de respiração consciente, práticas de atenção plena durante atividades diárias, compartilhamento de experiências.

3. **Redução de Estresse com *Mindfulness* (Semana 3):**

    » **Objetivo:** utilizar *mindfulness* para gerenciar e reduzir o estresse.

» **Atividades:** meditação guiada focada na redução do estresse, discussão sobre gatilhos e respostas ao estresse, desenvolvimento de um plano pessoal para lidar com o estresse.

4. **Atenção Plena nas Relações (Semana 4):**

    » **Objetivo:** aplicar *mindfulness* para melhorar as habilidades de comunicação e as relações interpessoais.

    » **Atividades:** práticas de escuta ativa e comunicação consciente, exercícios de empatia, reflexão sobre como *mindfulness* pode influenciar as relações pessoais.

5. *Mindfulness* **e Autocompaixão (Semana 5):**

    » **Objetivo:** desenvolver a autocompaixão e a autoaceitação por meio de *mindfulness*.

    » **Atividades:** meditação guiada de autocompaixão, práticas de gratidão, discussão sobre a importância da autocompaixão para o bem-estar.

6. **Gestão de Emoções com** *Mindfulness* **(Semana 6):**

    » **Objetivo:** ensinar técnicas para lidar com emoções difíceis e promover a regulação emocional.

    » **Atividades:** meditação focada na observação e aceitação das emoções, exercícios para identificar e gerenciar emoções, compartilhamento de estratégias pessoais.

7. *Mindfulness* e Saúde Física (Semana 7):

   » **Objetivo:** explorar a relação entre *mindfulness* e saúde física.

   » **Atividades:** práticas de *mindfulness* combinadas com movimento corporal (como yoga leve), discussão sobre a conexão entre mente e corpo, estratégias para integrar práticas de *mindfulness* na rotina de exercícios.

8. **Encerramento e Reflexão (Semana 8):**

   » **Objetivo:** revisar o que foi aprendido, compartilhar experiências e planejar a continuidade das práticas.

   » **Atividades:** meditação de encerramento, discussão sobre a experiência geral do grupo, elaboração de um plano pessoal para a continuidade das práticas de *mindfulness*, *feedback* e celebração dos progressos.

## Recursos necessários

- Espaço tranquilo e confortável para as sessões.
- Materiais de apoio, como almofadas de meditação e recursos didáticos sobre *mindfulness*.
- Facilitador treinado em práticas de *mindfulness* e meditação.

## Avaliação

- **Questionários de avaliação:** aplicar questionários antes e após a intervenção para medir mudanças no nível de estresse, bem-estar emocional e satisfação geral.
- *Feedback* **dos participantes:** coletar *feedback* qualitativo durante as sessões e no encerramento para ajustar futuras intervenções.

## Benefícios esperados

- Redução dos níveis de estresse e ansiedade.
- Melhora na qualidade do sono e bem-estar geral.
- Desenvolvimento de habilidades para a gestão emocional e a autocompaixão.
- Fortalecimento das relações interpessoais e comunicação consciente.

## 6.5 Grupos de Psicoeducação

### Objetivo

Proporcionar informações e suporte psicológico a participantes, focando em questões como depressão, ansiedade e transtornos alimentares, para aumentar o conhecimento e promover estratégias eficazes de enfrentamento.

### Público-alvo

Indivíduos que apresentem sinais ou sintomas de depressão, ansiedade, ou transtornos alimentares, ou que tenham interesse em compreender melhor esses temas.

*Estrutura do programa*

1. **Introdução e Objetivos:**
   - » **Sessão 1:** Apresentação do grupo, definição de objetivos e expectativas. Discussão sobre o conceito de psicoeducação e sua importância no manejo de questões psicológicas.

2. **Depressão:**
   - » **Sessão 2:** Conceitos básicos sobre depressão (sintomas, causas e impacto). Estratégias para reconhecer e lidar com a depressão. Sessão interativa com discussões em grupo e atividades práticas (e.g., diário de sentimentos).

3. **Ansiedade:**
   - » **Sessão 3:** entendimento da ansiedade (tipos, sintomas e fatores contribuintes). Técnicas de manejo da ansiedade, incluindo estratégias de relaxamento e controle do pensamento ansioso. Atividades práticas, como exercícios de respiração e *mindfulness*.

4. **Transtornos Alimentares:**
   - » **Sessão 4:** informação sobre transtornos alimentares – características, efeitos e mitos comuns. Estratégias de enfrentamento e promoção de uma relação saudável com a comida. Discussão em grupo e atividades reflexivas.

5. **Desenvolvimento de Habilidades:**

    » **Sessão 5:** reforço das habilidades adquiridas nas sessões anteriores. Discussão sobre o planejamento de ações para aplicar o que foi aprendido no dia a dia. *Role-playing* e simulações de situações reais.

6. **Encerramento e Avaliação:**

    » **Sessão 6:** revisão dos tópicos abordados, avaliação do impacto do programa e *feedback* dos participantes. Discussão sobre recursos adicionais e estratégias para manter o progresso.

## *Metodologia*

- **Apresentações informativas:** utilização de *slides* e materiais visuais para explicar conceitos e fornecer informações.
- **Discussões em grupo:** espaço para os participantes compartilharem experiências e dúvidas, promovendo o aprendizado colaborativo.
- **Atividades práticas:** exercícios individuais e em grupo para aplicar conceitos e técnicas.
- **Material de apoio:** distribuição de folhetos, guias e recursos adicionais para reforçar o aprendizado.

## *Recursos necessários*

- Sala apropriada para encontros em grupo.
- Materiais audiovisuais (projetor, computador etc.).
- Material de impressão (folhetos, guias).

- Profissionais qualificados (psicólogos, psiquiatras) para conduzir as sessões.

### Avaliação do programa
- **Questionários de satisfação:** aplicados ao final de cada sessão para avaliar a percepção dos participantes.
- **Avaliação de conhecimento:** testes rápidos para medir o entendimento dos temas abordados.
- *Feedback* **qualitativo:** discussão final para coletar opiniões e sugestões para aprimoramento do programa.

### Duração
O programa pode ser realizado em seis semanas, com uma sessão semanal de 1h30 a 2 horas cada.

### Benefícios esperados
- Aumento do conhecimento sobre questões psicológicas.
- Melhora na capacidade de enfrentar e manejar sintomas de depressão, ansiedade e transtornos alimentares.
- Criação de um espaço de apoio e troca de experiências entre os participantes.

## 6.6 Dinâmicas de Construção de Equipe

### Objetivo
Melhorar a colaboração, a comunicação e o relacionamento entre os membros da equipe por meio de atividades dinâmicas e participativas.

## Público-alvo

Equipes de trabalho em empresas, organizações ou instituições que desejam fortalecer a coesão e a eficiência do grupo.

## Duração

Quatro semanas, com encontros semanais de duas horas cada.

## Estrutura da intervenção

### Diagnóstico Inicial

» **Objetivo:** compreender o nível atual de colaboração e relacionamento entre os membros da equipe.

» **Atividade:** aplicação de um questionário de clima organizacional e realização de entrevistas individuais

### Sessão 1: Quebra-Gelo e Estabelecimento de Confiança

» **Objetivo:** Facilitar a integração dos membros e construir confiança.

» **Atividades:**

– **Dinâmica do "Nome e Algo sobre Mim":** cada membro compartilha seu nome e um fato curioso sobre si mesmo.

– **Jogo do "Desafio de Confiança":** atividades que exigem confiança mútua, como o "Confiança Cega", em que um membro é guiado por outro com os olhos vendados.

### Sessão 2: Melhoria da Comunicação

» **Objetivo:** aperfeiçoar a comunicação e a compreensão entre os membros da equipe.

» **Atividades:**

– **"Telefone Sem Fio":** jogo que destaca a importância da comunicação clara.

– **"Troca de Papéis":** os membros trocam de papel e tentam resolver um problema de equipe, ajudando a entender diferentes perspectivas.

**Sessão 3: Resolução de Conflitos e Cooperação**

» **Objetivo:** desenvolver habilidades para resolver conflitos e promover a cooperação.

» **Atividades:**

– **"Cenário de Conflito Simulado":** simulações de conflitos comuns e estratégias para resolvê-los.

– **"Construção Coletiva":** atividade em que a equipe constrói um projeto juntos, como uma torre de blocos, com um objetivo específico.

**Sessão 4: Reflexão e Planejamento Futuro**

» **Objetivo:** refletir sobre as aprendizagens e planejar ações futuras para a equipe.

» **Atividades:**

– **"Círculo de *Feedback*":** os membros compartilham *feedbacks* construtivos sobre a experiência da intervenção.

– **"Plano de Ação":** desenvolvimento de um plano de ação para continuar o trabalho de construção de equipe com base nas atividades realizadas.

## Metodologia

- **Abordagem participativa:** envolver todos os membros ativamente nas atividades e discussões.
- **Facilitadores:** especialistas em desenvolvimento de equipes e *coaching* organizacional.
- **Recursos:** materiais para atividades (blocos, papéis, canetas), espaço adequado para dinâmicas e tecnologia para *feedbacks*.

## Avaliação

- **Pré e pós-avaliação:** medir o impacto da intervenção por meio de questionários e observações antes e depois das sessões.
- *Feedback* **contínuo:** coletar *feedback* dos participantes durante cada sessão para ajustar a intervenção conforme necessário.

## Resultados esperados

- Melhora na comunicação e na confiança entre os membros da equipe.
- Aumento da capacidade de resolver conflitos de maneira construtiva.
- Fortalecimento da coesão e colaboração dentro da equipe.

## 6.7 Terapia de Grupo Focada em Trauma

*Objetivo*

Facilitar o processamento e a integração de experiências traumáticas dos participantes em um ambiente seguro e suportivo, promovendo a resiliência e o bem-estar psicológico.

*Estrutura da intervenção*

1. **Preparação e Planejamento**

   - **Seleção dos participantes:** identificar e selecionar indivíduos que compartilham experiências traumáticas semelhantes e que estejam em condições de participar de um grupo de terapia. Assegurar que todos tenham o desejo e a capacidade para trabalhar em um ambiente grupal.
   - **Treinamento dos facilitadores:** garantir que os facilitadores do grupo sejam profissionais treinados em terapia de trauma e dinâmicas de grupo. Eles devem estar preparados para lidar com reações emocionais intensas e oferecer suporte apropriado.

2. **Formação do Grupo**

   - **Número de participantes:** idealmente entre 6 e 10 participantes para garantir uma interação significativa e suporte adequado.
   - **Duração e frequência:** sessões semanais de 1h30 a 2 horas cada, durante um período de 12 semanas, com possibilidade de extensão conforme necessidade.

3. **Estrutura das Sessões**
   - **Sessão de abertura:**
     – **Introdução e estabelecimento de regras:** apresentação dos participantes e definição das normas do grupo (confidencialidade, respeito, tempo de fala etc.).

     – **Exercício de aquecimento:** atividade inicial para promover a coesão do grupo e preparar os participantes para o trabalho emocional.
   - **Sessões de processamento:**
     – **Compartilhamento de experiências:** espaço para que os participantes compartilhem suas experiências traumáticas, se desejarem. Cada participante tem a oportunidade de falar e ouvir.

     – **Intervenções terapêuticas:** utilização de técnicas baseadas em evidências, como:

     **A) TCC:** identificação e reestruturação de pensamentos disfuncionais relacionados ao trauma.

     **B) Terapia Focada na Compaixão:** desenvolvimento da autocompaixão e diminuição da autocrítica.

     **C) Terapia de Exposição:** enfrentamento gradual e controlado das memórias e gatilhos traumáticos.

     **D) Exercícios de relaxamento e regulação emocional:** técnicas para ajudar os participantes a gerenciarem a ansiedade e o estresse.
   - **Sessão de encerramento:**
     – **Revisão e reflexão:** reflexão sobre o progresso feito durante o grupo e discussão sobre as estratégias de enfrentamento desenvolvidas.

     – **Planejamento para o futuro:** discussão sobre como os participantes podem continuar a aplicar o que aprenderam e integrar as novas habilidades em suas vidas diárias.

4. **Avaliação e Monitoramento**

- ***Feedback* dos participantes:** coleta regular de *feedback* para ajustar a intervenção conforme necessário e assegurar que as necessidades dos participantes sejam atendidas.
- **Avaliação de progresso:** uso de instrumentos de avaliação para medir o progresso individual e grupal, e identificar áreas que necessitam de mais foco.

5. **Encerramento e Continuidade**

- **Encerramento formal:** organização de uma sessão de encerramento para celebrar as conquistas do grupo e fornecer recursos para apoio contínuo.
- **Apoio pós-terapia:** oferecer referências para terapia individual, grupos de apoio ou outras formas de suporte conforme necessário.

## Considerações finais

A Terapia de Grupo Focada em Trauma deve ser conduzida com sensibilidade e respeito pelas experiências de cada participante. A criação de um ambiente seguro e de suporte é fundamental para a eficácia da intervenção, e os facilitadores devem estar preparados para lidar com uma variedade de respostas emocionais.

## 6.8 Treinamento de Liderança em Grupo

*Objetivo*

Desenvolver habilidades de liderança e gestão por meio de exercícios práticos, dinâmicas de grupo e *feedback* colaborativo, com o intuito de aprimorar as competências de liderança dos participantes.

*Público-alvo*

Profissionais em cargos de liderança ou aspirantes a líderes, equipes de trabalho, ou qualquer grupo que deseja fortalecer suas habilidades de liderança e gestão.

*Duração*

O treinamento será conduzido em sessões semanais de duas horas cada, ao longo de seis semanas.

*Estrutura do programa*

1. **Introdução e Avaliação Inicial (1ª Sessão)**

    » **Objetivo:** apresentar o programa e avaliar as expectativas dos participantes.
    » **Atividades:**

    – Apresentação do cronograma e objetivos do treinamento.

    – Aplicação de um questionário de autoavaliação para identificar as habilidades de liderança atuais e áreas a serem desenvolvidas.

2. **Fundamentos da Liderança (2ª Sessão)**

   » **Objetivo:** compreender os conceitos e estilos de liderança.

   » **Atividades:**

   – Discussão sobre diferentes estilos de liderança (autocrática, democrática, *laissez-faire*).

   – Dinâmica de grupo sobre os estilos de liderança e suas aplicações práticas.

3. **Comunicação Eficaz (3ª Sessão)**

   » **Objetivo:** melhorar a comunicação entre líderes e suas equipes.

   » **Atividades:**

   – Exercícios de comunicação (escuta ativa, *feedback* construtivo).

   – *Role-playing* de situações desafiadoras de comunicação.

4. **Gestão de Conflitos (4ª Sessão)**

   » **Objetivo:** desenvolver habilidades para gerenciar e resolver conflitos.

   » **Atividades:**

   – Discussão sobre estratégias de resolução de conflitos.

   – Simulações de conflitos e resolução em grupo.

5. **Motivação e Engajamento (5ª Sessão)**

   » **Objetivo:** aprender a motivar e engajar a equipe.

» **Atividades:**

– Técnicas de motivação e construção de equipe.
– Dinâmicas para promover a coesão e o engajamento.

6. *Feedback* e **Reflexão (6ª Sessão)**

» **Objetivo:** avaliar o progresso e refletir sobre o aprendizado.
» **Atividades:**

– *Feedback* individual e grupal sobre o desempenho durante o treinamento.
– Reflexão sobre os principais aprendizados e planos para aplicar as habilidades desenvolvidas.

## *Métodos e recursos*

- **Dinâmicas de grupo:** atividades práticas e interativas que simulam situações reais de liderança.
- *Role-playing*: encenações de situações para prática de habilidades.
- *Feedback* **360 graus:** avaliações de desempenho por colegas e facilitadores.
- **Material didático:** *slides*, artigos e estudos de caso.

## *Avaliação e monitoramento*

- **Avaliações semanais:** *feedback* e autoavaliações para monitorar o progresso.
- **Avaliação final:** questionário de *feedback* para medir a eficácia do treinamento e identificar áreas para melhorias futuras.

*Resultados esperados*
- Melhoria nas habilidades de comunicação e gestão de conflitos.
- Aumento na capacidade de motivar e engajar a equipe.
- Desenvolvimento de um estilo de liderança mais eficaz e adaptável.

*Considerações finais*

Esse treinamento visa não apenas aprimorar as competências individuais dos participantes, mas também fortalecer a coesão e a eficácia das equipes. O ambiente de aprendizado colaborativo permitirá a troca de experiências e a aplicação prática dos conceitos discutidos.

### 6.9 Grupo de Reabilitação para Dependências

*Objetivo*

Oferecer apoio e desenvolver estratégias eficazes para a recuperação de dependências, como alcoolismo e vícios em substâncias. Promover um ambiente seguro e solidário no qual os participantes possam compartilhar experiências, receber orientação e desenvolver habilidades para enfrentar e superar seus desafios.

## Estrutura do grupo

1. **Sessões Semanais**

    » **Duração:** 90 minutos
    » **Frequência:** semanal
    » **Local:** espaço de reabilitação comunitário ou sala de grupo virtual.

2. **Composição do Grupo**

    » **Número de Participantes:** 8-12 pessoas
    » **Facilitadores:** psicólogo ou terapeuta especializado em dependências, cofacilitador para suporte adicional.

3. **Agenda das Sessões**

    » **Boas-vindas e Abertura (10 min):**

    – Boas-vindas aos participantes.
    – Revisão do propósito da sessão e normas do grupo.

    » **Compartilhamento de Experiências (20 min):**

    – Rodada de compartilhamento em que cada participante tem a oportunidade de falar sobre suas experiências e desafios recentes.

    » **Educação e Discussão (30 min):**

    – Apresentação de temas relevantes como mecanismos de dependência, estratégias de enfrentamento e técnicas de autocontrole.

– Discussão em grupo sobre as informações apresentadas e como aplicá-las na prática.

» **Atividade de Grupo (20 min):**

– Exercícios práticos, como *role-playing*, discussão de cenários ou técnicas de *mindfulness*.

– Foco em desenvolver habilidades de enfrentamento e estratégias de recuperação.

» **Planejamento de Ação e Encerramento (10 min):**

– Definição de metas individuais para a semana seguinte.

– Encerramento com um resumo das principais aprendizagens e uma breve reflexão.

4. **Estratégias e Técnicas Utilizadas**

   » **TCC:** foco em identificar e alterar padrões de pensamento e comportamento relacionados à dependência.

   » *Mindfulness* **e técnicas de relaxamento:** para ajudar os participantes a gerenciar o estresse e aumentar consciência do momento presente.

   » **Treinamento de habilidades sociais:** para melhorar a comunicação e a capacidade de lidar com situações desafiadoras.

   » **Desenvolvimento de suporte social:** incentivo à construção de uma rede de apoio fora do grupo, como familiares e amigos.

5. Avaliação e Acompanhamento
   » **Feedback regular:** coleta de *feedback* dos participantes sobre a eficácia das sessões e áreas de melhoria.
   » **Avaliação de progresso:** monitoramento do progresso individual e ajustes na intervenção conforme necessário.
   » **Revisão de metas:** revisão periódica das metas individuais e do grupo para garantir a adequação às necessidades dos participantes.

## Considerações finais

O Grupo de Reabilitação para Dependências visa fornecer um espaço estruturado e encorajador para que os participantes possam trabalhar em sua recuperação. A abordagem grupal oferece apoio emocional e social, que é essencial para o processo de recuperação. A intervenção é adaptável e deve ser continuamente ajustada com base no *feedback* dos participantes e nas necessidades emergentes.

## 6.10 Terapia de Grupo para Familiares

1. Objetivo da Intervenção

O objetivo principal da Terapia de Grupo para Familiares é fornecer apoio emocional, educação e estratégias práticas para familiares de pessoas com transtornos mentais ou condições crônicas. A intervenção visa ajudar os participantes a lidarem melhor com os desafios relacionados ao cuidado, melhorar a comunicação e promover o autocuidado e a resiliência.

## 2. Público-alvo

Família de indivíduos diagnosticados com transtornos mentais ou condições crônicas, como depressão, ansiedade, esquizofrenia, transtorno bipolar, diabetes, doenças autoimunes, entre outros.

## 3. Estrutura e formato do grupo

### Número de participantes

De 8 a 12 participantes para garantir uma dinâmica de grupo eficaz e pessoal.

### Duração e frequência

- **Duração das sessões:** 1h30
- **Frequência:** semanal
- **Duração Total do Programa:** 12 semanas

*Local*

Ambiente seguro e confortável, como um centro de saúde mental, clínica de psicologia ou ambiente *online* com recursos adequados para videoconferência.

## 1. Conteúdo e Atividades

### Semana 1: Introdução e Definição de Expectativas

- Apresentação dos participantes.
- Definição de objetivos individuais e coletivos.
- Introdução aos princípios básicos da terapia de grupo.

**Semana 2: Entendimento dos Transtornos e das Condições Crônicas**

» Educação sobre os transtornos mentais e as condições crônicas.

» Impacto nas pessoas e na família.

» Discussão sobre estigmas e preconceitos.

**Semana 3: Comunicação Eficaz**

» Técnicas de comunicação assertiva e empática.

» Exercícios de *role-playing* para praticar habilidades de comunicação.

» Estratégias para melhorar a comunicação com o familiar.

**Semana 4: Gerenciamento de Crises e Estresse**

» Identificação de sinais de crise e estresse.

» Técnicas de manejo e intervenção precoce.

» Desenvolvimento de um plano de ação para crises.

**Semana 5: Autocuidado e Saúde Mental do Familiar**

» Importância do autocuidado.

» Técnicas de gerenciamento de estresse e promoção do bem-estar.

» Elaboração de um plano pessoal de autocuidado.

**Semana 6: Dinâmicas de Grupo e Apoio Mútuo**

» Dinâmicas para fortalecer a coesão do grupo.

» Discussão e compartilhamento de experiências.

» Estruturação de uma rede de apoio mútuo.

**Semana 7: Estratégias de Enfrentamento**

» Desenvolvimento de estratégias práticas para lidar com desafios diários.

» Discussão sobre o equilíbrio entre cuidar do familiar e manter a própria vida.

**Semana 8: Gerenciamento do Tempo e das Expectativas**

» Técnicas para organizar e equilibrar responsabilidades.

» Estabelecimento de expectativas realistas e metas pessoais.

**Semana 9: Resolução de Conflitos**

» Técnicas de resolução de conflitos.

» Exercícios para melhorar a cooperação e a resolução de problemas em família.

**Semana 10: Preparação para o Futuro**

» Planejamento a longo prazo.

» Discussão sobre transições e mudanças.

» Recursos e suporte adicional disponível.

**Semana 11: Revisão e Reflexão**

» Revisão dos conceitos aprendidos.

» Reflexão sobre o progresso individual e do grupo.

» Discussão sobre os desafios e sucessos.

**Semana 12: Encerramento e Avaliação**

» Avaliação do programa.

» Reflexão final e *feedback* dos participantes.

» Planejamento para suporte contínuo e grupos de apoio futuros.

2. **Metodologia**

A metodologia será baseada em princípios de terapia cognitivo-comportamental, terapia de apoio e técnicas de grupos de apoio. A intervenção incluirá discussões em grupo, exercícios práticos, dinâmicas de grupo e materiais educativos.

3. **Recursos Necessários**

   » **Facilitador:** psicólogo ou terapeuta com experiência em terapia de grupo e suporte a familiares.
   » **Materiais:** folhetos educativos, recursos para exercícios de grupo, materiais para autocuidado e planejamento.
   » **Espaço:** ambiente adequado para encontros presenciais ou plataforma confiável para sessões *online*.

4. **Avaliação e *Feedback***

A eficácia do programa será avaliada por meio de questionários de *feedback*, observação das dinâmicas de grupo e acompanhamento do progresso dos participantes. Ajustes serão feitos conforme necessário para melhorar a intervenção.

## 6.11 Grupos de Terapia de Aceitação e Compromisso (ACT)

*Objetivo geral*

Facilitar o desenvolvimento de habilidades de aceitação e mudança de comportamento para promover o bem-estar emocional e a adaptação eficaz aos desafios da vida.

1. **Objetivos Específicos**
   - » **Desenvolver habilidades de aceitação:** ajudar os participantes a aceitarem experiências internas (pensamentos, emoções) sem tentar modificá-las ou evitá-las.
   - » **Promover a clareza de valores pessoais:** facilitar a identificação e a definição de valores importantes para cada participante.
   - » **Estabelecer metas e ações alinhadas com valores:** orientar os participantes a definirem e seguirem metas que estejam em consonância com seus valores.
   - » **Aumentar a flexibilidade psicológica:** melhorar a capacidade dos participantes de se adaptarem a situações difíceis e mudarem comportamentos disfuncionais.

2. **Estrutura dos Encontros**

    **Duração:** 8-12 sessões de 90 minutos a 2 horas, com frequência semanal.

    **Formato:** sessões grupais, combinando atividades práticas, discussões e exercícios de *mindfulness*.

3. **Conteúdo e Metodologia**

    **Sessão 1: Introdução à ACT e ao Grupo**
    - » Apresentação dos princípios da ACT.
    - » Estabelecimento de normas e objetivos do grupo.
    - » Dinâmicas de integração e estabelecimento de confiança.

### Sessão 2: *Mindfulness* e Aceitação

» Exercícios de *mindfulness* para aumentar a consciência do momento presente.

» Discussão sobre a importância da aceitação de experiências internas.

» Atividade prática: experiência de aceitação de pensamentos e emoções desconfortáveis.

### Sessão 3: Definição de Valores

» Exploração dos valores pessoais de cada participante.

» Exercícios para identificar o que é realmente importante para cada um.

» Discussão em grupo sobre como os valores influenciam comportamentos.

### Sessão 4: Definição de Metas Alinhadas com Valores

» Orientação sobre como definir metas que estejam alinhadas com os valores identificados.

» Desenvolvimento de um plano de ação para alcançar essas metas.

» Compartilhamento e *feedback* em grupo.

### Sessão 5: Identificação e Superação de Barreiras

» Identificação de obstáculos e barreiras internas que dificultam o progresso em direção às metas.

» Técnicas para lidar com esses obstáculos.

» Discussão e suporte grupal sobre estratégias de enfrentamento.

### Sessão 6: Flexibilidade Psicológica

» Introdução ao conceito de flexibilidade psicológica e sua importância.

» Exercícios para promover a flexibilidade e lidar com experiências difíceis.

» Atividade prática: aplicação de técnicas de flexibilidade em situações reais.

### Sessão 7: Revisão de Metas e Progresso

» Revisão do progresso em relação às metas definidas.

» Ajuste de metas e estratégias conforme necessário.

» Compartilhamento de sucessos e desafios com o grupo.

### Sessão 8: Consolidando Habilidades e Planejamento Futuro

» Revisão das habilidades e técnicas aprendidas.

» Planejamento de como manter e aplicar essas habilidades no futuro.

» Discussão sobre recursos adicionais e suporte contínuo.

4. Avaliação e Encerramento

### Avaliação

» Aplicação de questionários e *feedback* dos participantes sobre a eficácia do grupo e as mudanças percebidas.

» Discussão em grupo sobre os aprendizados e experiências vividas durante o processo.

**Encerramento**
- » Reflexão sobre o progresso individual e grupal.
- » Celebração das conquistas e reconhecimento dos esforços dos participantes.
- » Orientação sobre como continuar aplicando os princípios da ACT no cotidiano.

## 6.12 Grupo de Enfrentamento de Doenças Crônicas

*Objetivo*

Oferecer apoio emocional e desenvolver estratégias para lidar com doenças crônicas em um ambiente grupal, promovendo bem-estar psicológico e habilidades práticas para o enfrentamento das condições de saúde.

*Público-alvo*

Pessoas diagnosticadas com doenças crônicas, como diabetes, hipertensão, doenças autoimunes, entre outras.

*Estrutura do grupo*
- **Número de participantes:** 8-12 pessoas.
- **Duração:** 12 sessões, com encontros semanais de 1h30.
- **Facilitador:** psicólogo especializado em grupos de apoio e manejo de doenças crônicas.

*Conteúdos e atividades*

1. **Introdução e Estabelecimento de Confiança (Sessão 1)**
    » Apresentação dos participantes e do facilitador.
    » Definição de objetivos do grupo e regras de convivência.
    » Dinâmica de quebra-gelo para promover a integração.

2. **Educação sobre a Doença Crônica (Sessão 2)**
    » Informações gerais sobre a doença crônica específica de cada participante.
    » Discussão sobre sintomas, tratamento e manejo diário.

3. **Gestão de Sintomas e Autocuidado (Sessão 3)**
    » Técnicas de autocuidado e gestão de sintomas.
    » Compartilhamento de estratégias eficazes entre os participantes.

4. **Apoio Emocional e Expressão de Sentimentos (Sessão 4)**
    » Discussão sobre emoções comuns associadas a doenças crônicas.
    » Técnicas para a expressão saudável dos sentimentos.

5. **Desenvolvimento de Estratégias de Enfrentamento (Sessão 5)**

    » Identificação de desafios pessoais e desenvolvimento de estratégias para enfrentamento.
    » Atividades práticas para melhorar a resiliência.

6. **Relacionamento com Familiares e Rede de Apoio (Sessão 6)**

    » Abordagem sobre como comunicar-se efetivamente com familiares.
    » Envolvimento da rede de apoio e estratégias de comunicação.

7. **Manejo do Estresse e Técnicas de Relaxamento (Sessão 7)**

    » Técnicas de manejo do estresse, como relaxamento e *mindfulness*.
    » Sessão prática com exercícios de respiração e meditação.

8. **Promoção da Autoeficácia e Motivação (Sessão 8)**

    » Técnicas para promover a autoeficácia e aumentar a motivação.
    » Estabelecimento de metas e planos de ação pessoais.

9. **Aspectos Práticos da Vida Diária (Sessão 9)**

　　» Discussão sobre a adaptação às mudanças na vida diária devido à condição crônica.

　　» Dicas práticas e troca de experiências entre os participantes.

10. **Enfrentamento de Crises e Solicitação de Ajuda (Sessão 10)**

　　» Estratégias para lidar com crises e momentos de dificuldade.

　　» Como e quando buscar ajuda profissional e apoio adicional.

11. **Revisão e Reflexão sobre o Progresso (Sessão 11)**

　　» Revisão dos progressos individuais e do grupo.

　　» Reflexão sobre o impacto das sessões e ajuste de estratégias conforme necessário.

12. **Encerramento e Planejamento Futuro (Sessão 12)**

　　» Encerramento formal do grupo.

　　» Planejamento de estratégias de continuidade e manutenção do suporte.

*Métodos e técnicas*

- Dinâmicas de grupo.
- Discussões dirigidas.

- Técnicas de relaxamento e *mindfulness*.
- Exercícios de escrita reflexiva.
- Jogos de papéis e simulações.
- Compartilhamento de experiências e suporte mútuo.

## Avaliação
- Avaliação contínua do progresso dos participantes por meio de *feedback* e autoavaliação.
- Questionários de satisfação e eficácia ao final do grupo.

## Recursos necessários
- Espaço físico confortável e acessível.
- Materiais para atividades (papel, canetas, recursos audiovisuais etc.).
- Acesso a literatura e materiais de apoio sobre doenças crônicas e técnicas de enfrentamento.

## 6.13 Sessões de Resolução de Conflitos em Grupo

### Objetivo geral
Melhorar a dinâmica grupal e promover uma resolução eficaz de conflitos por meio de técnicas estruturadas em sessões de intervenção grupal.

### Diagnóstico inicial
- **Objetivo:** compreender o contexto e as principais fontes de conflitos dentro do grupo.

- **Métodos:** realização de entrevistas individuais, aplicação de questionários e observação das interações grupais.
- **Resultado esperado:** identificação dos principais conflitos e dinâmicas que afetam o grupo.

*Planejamento das sessões*
- **Número de Sessões:** 6 sessões semanais de 90 minutos cada.
- **Participantes:** até 12 pessoas por grupo.
- **Facilitador:** psicólogo ou profissional especializado em mediação de conflitos e dinâmica grupal.

*Estrutura das sessões*

**Sessão 1: Introdução à Resolução de Conflitos**
- » **Objetivo:** apresentar conceitos básicos de resolução de conflitos e estabelecer normas para as sessões.
- » **Atividades:** discussão sobre o que é um conflito, seus tipos e impacto no grupo. Criação de um "contrato de grupo" com regras de respeito e confidencialidade.

**Sessão 2: Identificação e Expressão dos Conflitos**
- » **Objetivo:** ajudar os participantes a identificarem e expressarem suas preocupações e sentimentos em relação aos conflitos.
- » **Atividades:** exercícios de expressão emocional e técnica de "eu sinto/preciso" para comunicar necessidades e sentimentos sem acusar.

### Sessão 3: Análise das Causas dos Conflitos

» **Objetivo:** entender as causas subjacentes dos conflitos identificados.

» **Atividades:** uso de técnicas como a análise de causa-raiz e mapeamento dos conflitos para identificar padrões e fatores contribuintes.

### Sessão 4: Desenvolvimento de Habilidades de Comunicação

» **Objetivo:** melhorar as habilidades de comunicação para uma resolução de conflitos mais eficaz.

» **Atividades:** treinamento em escuta ativa, comunicação não violenta e assertividade. *Role-playing* para praticar novas habilidades.

### Sessão 5: Técnicas de Resolução de Conflitos

» **Objetivo:** introduzir e praticar técnicas específicas de resolução de conflitos.

» **Atividades:** técnicas como mediação, negociação colaborativa, e *brainstorming* de soluções. Estudo de casos e simulações para aplicar as técnicas aprendidas.

### Sessão 6: Criação de um Plano de Ação e Avaliação

» **Objetivo:** desenvolver um plano de ação para implementar as soluções e avaliar o progresso.

» **Atividades:** elaboração de um plano de ação para aplicar as soluções acordadas. Reflexão sobre o progresso feito e discussão sobre possíveis ajustes e seguimento.

## Métodos de avaliação

- **Avaliação contínua:** *feedback* semanal dos participantes sobre a eficácia das sessões e a relevância das técnicas.
- **Avaliação final:** questionário de avaliação ao final da última sessão para medir mudanças na percepção dos conflitos e na dinâmica grupal.
- **Observação:** das interações grupais ao longo das sessões para avaliar mudanças na dinâmica e no comportamento dos participantes.

## Recursos necessários

- **Material:** *flip charts*, marcadores, questionários de avaliação e material para atividades práticas.
- **Espaço:** sala adequada para o grupo, com espaço para atividades em grupo e discussões.

## Considerações Finais

- **Confidencialidade:** garantir que todos os participantes compreendam e respeitem a confidencialidade das discussões.
- **Flexibilidade:** estar preparado para ajustar o plano de intervenção com base nas necessidades emergentes do grupo.

## 6.14 Intervenção Psicológica para Adolescentes: Programa "Descobrindo e Conectando"

*Objetivo*

Promover o desenvolvimento da identidade pessoal e melhorar as habilidades de relacionamento interpessoal entre os adolescentes por meio de um programa estruturado que combine práticas de autoexploração e habilidades sociais.

*Público-alvo*

Adolescentes de 12 a 18 anos que estão passando por um período de busca de identidade e desafios relacionais com pares.

- **Duração do programa:** 12 semanas, com encontros semanais de 1h30min.

*Estrutura do programa*

**Sessão 1: Introdução e Construção de Confiança**
- » Dinâmicas de apresentação.
- » Estabelecimento de regras de grupo e criação de um ambiente seguro.
- » Discussão sobre os objetivos do programa.

**Sessão 2: Autoexploração e Identidade**
- » Atividades de reflexão pessoal, como a elaboração de um "mapa da identidade" com valores, interesses e habilidades.
- » Discussão sobre o conceito de identidade e como ela pode evoluir.

**Sessão 3: Expressão de Emoções**

» Técnicas de expressão emocional, como diário emocional e *role-playing*.

» Discussão sobre como as emoções influenciam a identidade e os relacionamentos.

**Sessão 4: Relacionamentos Interpessoais**

» Identificação de padrões de relacionamento e dinâmica de grupo.

» Atividades para melhorar a comunicação e a empatia.

**Sessão 5: Resolução de Conflitos**

» Técnicas para resolver conflitos de forma construtiva.

» Simulações de situações conflitantes e resolução em grupo.

**Sessão 6: Autoestima e Autoimagem**

» Atividades para fortalecer a autoestima e promover uma autoimagem positiva.

» Discussão sobre como a autoestima influencia os relacionamentos e a identidade.

**Sessão 7: Influência dos Pares**

» Reflexão sobre a pressão dos pares e como lidar com ela.

» Desenvolvimento de estratégias para tomar decisões independentes e assertivas.

**Sessão 8: Estabelecimento de Metas Pessoais**

» Definição de metas pessoais e criação de um plano de ação.

» Discussão sobre como metas e valores pessoais se relacionam com a identidade e os relacionamentos.

**Sessão 9: Desenvolvendo Habilidades Sociais**

» Práticas de habilidades sociais, como escuta ativa e assertividade.

» Atividades de grupo para aplicar essas habilidades em contextos sociais.

**Sessão 10: Relacionamentos Familiares**

» Reflexão sobre o impacto dos relacionamentos familiares na identidade e nos relacionamentos interpessoais.

» Discussão sobre estratégias para melhorar a comunicação familiar.

**Sessão 11: Revisão e Reflexão**

» Revisão dos aprendizados e das experiências do programa.

» Reflexão sobre o progresso individual e em grupo.

**Sessão 12: Celebração e Encerramento**

» Atividade de celebração dos sucessos e aprendizados.

» Planejamento de como aplicar o que foi aprendido no futuro.

## *Métodos e técnicas utilizadas*

- Dinâmicas de grupo e jogos.
- Atividades de reflexão e autoexploração.
- *Role-playing* e simulações.

- Discussões guiadas e *feedback* em grupo.
- Técnicas de resolução de conflitos e habilidades sociais.

### Avaliação do programa
- Avaliações contínuas por meio de *feedback* dos participantes.
- Questionários de autoavaliação e avaliação de progresso.
- Entrevistas finais para obter percepções sobre a eficácia do programa.

### Recursos necessários
- Espaço adequado para as sessões de grupo.
- Materiais para atividades (papéis, canetas etc.).
- Recursos audiovisuais, se necessário.

### Considerações finais

Esse programa visa oferecer um espaço de apoio e aprendizado para adolescentes, ajudando-os a navegar as complexidades da identidade e dos relacionamentos interpessoais. A abordagem grupal permite a troca de experiências e o desenvolvimento de habilidades de forma colaborativa, promovendo um ambiente de crescimento e suporte mútuo.